Intimate Relationship

亲密
是孤独最好的解药

情感教父
QINGGAN JIAOFU
陈保才 [著]

文匯出版社

图书在版编目(CIP)数据

亲密是孤独最好的解药 / 陈保才著. — 上海：文汇出版社, 2016.3
ISBN 978-7-5496-1348-9

Ⅰ. ①亲… Ⅱ. ①陈… Ⅲ. ①婚姻-通俗读物 Ⅳ. ①C913.13-49

中国版本图书馆CIP数据核字 (2016) 第 038399 号

亲密是孤独最好的解药

著　　者 / 陈保才
责任编辑 / 戴　铮
装帧设计 / 天之赋设计室

出版发行 / 文汇出版社
　　　　　上海市威海路755号
　　　　　（邮政编码：200041）
经　　销 / 全国新华书店
印　　制 / 北京汉玉印刷有限公司　010-59430243
版　　次 / 2016年6月第1版
印　　次 / 2016年6月第1次印刷
开　　本 / 710×1000　1/16
字　　数 / 160千字
印　　张 / 14.5

书　　号 / ISBN 978-7-5496-1348-9
定　　价 / 32.00元

序：最好的时光，最好的爱

《红楼梦》中琉璃世界白雪红梅那章，宝玉等一行人在大雪天里，生啖鹿肉，赋诗作文，宝玉有两句诗没对上来，众人便罚他去芦雪庵折梅花。他正要去，黛玉忽然叫住他道："天冷，且吃杯热酒再去。"宝玉听后，依嘱照喝，然后才去找妙玉，讨了红梅回来。

这一刻，我心里一暖。是的，那么多人指派你，让你干这干那，那么多人都嬉笑嬉闹，和你玩笑打趣，可有一个人，她真切地关心你：天冷，且吃了这杯酒再去。这就是爱。

这就是男人需要的女人给的爱。它来自细节，不声不响，默默无闻，但是它真切，踏实，温暖。这是男人最在乎的感情。

谁说男人是冷血动物？男人也需要女人的关心，也需要女人温暖的爱。

另一回里，宝玉来看黛玉，夜深了，要回去了，门外下着大雨，宝玉的奶妈李妈妈提着明瓦灯笼，天黑，雨大，夜色暗淡，路滑不好走。黛玉便将自己的灯笼拿出来给宝玉，宝玉说，怕失手摔坏了可惜，黛玉说，跌了灯值钱还是跌了人值钱。拿去吧，就算失了手也是有限的，"怎么忽然变出这剖腹藏珠的脾气来？"宝玉听后，欣然接过灯笼，深情地走了。那一刻，宝玉的心里一定也是热潮翻滚。是的，只有爱你的人才会关心你的身体，关心你的人，那些不是真爱你的人或者不会爱的人，才会关心物质，才会担心摔了灯笼打坏了好东西，从而让你摸黑赶路。

世人都觉得宝玉和黛玉的爱情太空灵，柏拉图，精神恋爱，不实在。其实，他们在漫长的相处中，有太多这样真切的瞬间，真实的片段，他们的爱情就是由这些细小的瞬间建造成的。就如宝玉说的，你十几岁来到我们家，一起吃，一起玩，一起住，耳鬓厮磨，哪有个为了她（宝钗）疏远你的理？日久天长的相处已经让他们拥有了许多共同的生活印记，那些都是共同的记忆，共同的资产，抹杀那些共同的时光，就是抹杀自己。所以，宝玉更爱黛玉而不是宝钗是有道理的。

记得，陈寅格先生曾在五等爱情论里说，宝玉与黛玉的爱情属于第二等，就是"与其人交识有素，而未尝共衾枕者次之。"陈寅格认为第一等是杜丽娘那种，"世无其人，悬空设想，而甘为之死"。我觉得，其实最好的状态反而是宝玉黛玉这种，因为杜丽娘那种是稀少的，一个人平素孤独疯了偶然遇到一个人唤起了她的激情，为之疯狂投入，要生要死，这算不得什么。难的是，我们耳鬓厮磨，而还没有厌倦。即使没有共枕衾，但是，却有朝夕相处的亲切与实在，这是让人难以割舍的。

而且，让人爱到死的爱情终究是不理智的，疯狂的，它永远只属于传奇和传说。或者只有极少数人可以体验这种感情，一如年少的维特，吞药的罗密欧与朱丽叶。而黛玉宝玉这种则属于人间的爱情，是温暖的，实在的。

作为普通人，我们不想要传奇，我们只想岁月静好，现世安稳，只想和最爱的人，在烟火人生里，慢慢变老，这才是最好的！

目 录

第一章 你是谁

野草的魅力 / 1
年轻时，你不懂爱情 / 4
吸血鬼之恋 / 6
本真的生活 / 8
你要珍爱的我 / 10
你有一封信 / 12
理想的女性 / 14
独自用餐的时光 / 17
如何才能成为一个内心强大的人 / 19
温柔乡里沉醉 / 21
想你的细节 / 23
心太软 / 25
无用的好人 / 27
如何做一个强悍的人 / 29
你越冷，他越热 / 32
会爱才是正经事 / 34

第二章 你的生活在哪里

独爱小清新 / 37
腹有诗书自优雅 / 39
干得好才能嫁得好 / 41
最好的时光 / 43
将先锋进行到底 / 45
让未来的你，喜欢现在的自己 / 47
如何抓住一个男人的心 / 49
如果有一天我不再爱你 / 51

他什么都不做，只是来爱你 / 53

成功的人都对自己凶狠，对别人怜悯 / 56

能享受寂寞是成功的开始 / 59

一生的爱情 / 62

要么饮食男女，要么性灵纯粹 / 64

一个人的好日子 / 67

请与自己温柔相爱 / 68

99%的努力，换来1%的人生 / 72

第三章 你的爱情什么样

爱情的味蕾选择 / 75

当你热爱，却又失去 / 77

你完全可以成为另一个你 / 80

"贱人"是怎样炼成的 / 82

浪漫"致"死 / 85

你爱得要死的那个人 / 87

默然相爱，寂静欢喜 / 89

没有不好的婚姻，只有不会经营的伴侣 / 92

千万不要做让人讨厌的"前任" / 95

如何活出女王范 / 97

婚姻里最可怕的是什么 / 100

今天，我们愿意为谁停下脚步 / 102

唯一陷阱与二难效应 / 104

喜欢离爱有多远 / 106

心中的那位 / 108

这年头，女人不结婚 / 110

第四章 你幸福吗

爱是世界上最简单的事 / 113

绝杀爱情的狠话 / 115

每一种爱都是冒险 / 117

你不是他的最爱也没关系 / 119

给自己写一封情书 / 121

气场不同，努力白费 / 124

我的完美婚宴 / 126

亲爱的，亲爱的，永远 / 129

想带你去我的小时候 / 131

如何失去一段婚姻 / 133

老妻在哪里 / 135

谁爱"大丈夫" / 137

谁是你生命里最重要的人 / 139

过了三十岁的男人们 / 141

越俗越幸福 / 144

不要追忆过去的美好 / 146

第五章 如何再一次心动

在荒凉的世界里，温暖相爱 / 149

爱到长长久久 / 152

爱是灵魂的进入 / 155

把你宠坏，让你依赖 / 156

不能冷淡爱人的心 / 158

不说将来 / 160

聪明女人都是"暗示"控 / 162

发泄发泄，就好 / 164

记得当年的傻幸福 / 167

将你最爱给最爱 / 169

强大的爱 / 171

吸引才是王道 / 173

再一次心动 / 175

在另一个时空爱你 / 177

真正的浪漫是探索和陪伴 / 179

即使分手，依然让人感念 / 181

女人，嫁给情商高的男人，比嫁给土豪幸福 / 182

第六章 最好的爱

爱就是彼此成全 / 186

爱是最好的美味 / 188

超级合伙人 / 190

婚姻是一种柔软的胜利 / 193

灵魂的较量 / 195

让他深深地爱慕 / 197

我们的胃，我们的爱 / 200

我们都是一样的人 / 202

向父辈学习爱情 / 205

幸福的女人都是吸血鬼 / 207

我的心里住着一片云 / 209

真喜欢你的人 / 211

你无须在意所有人 / 213

有人愿意挡子弹，有人愿意买早餐 / 216

帮一点，刚刚好 / 219

总有一个人会来深爱你 / 221

第一章　你是谁

野草的魅力

即便那时她们还不够好,但终于有一天,她们改变了世界的看法,赢得了喜欢。这就是野草的魅力。

因为江苏卫视《蒙面歌王》,我对谭维维有了全新的认识。

大概是2009年,那时她还不大红。某晚我受演出公司邀请,在深圳音乐厅看了她的演唱会。那时的谭维维很能折腾,尤其是高音部分,我当时觉得,这是年轻人的力量,巨肺。

反正,我是喊不出来。不过,也因为她出道不久,我对她还不熟悉,一晚上始终没有特别打动我的歌曲。

这之后,从来没在意过谭维维。直到今年在《蒙面歌王》的舞台上,来了一个野草,有人说那是谭维维。看感觉很像她,汪峰在场外猜评也说是她。开始的几首歌都很棒，后来挑战了几个高音，让我的心也跟着往高处走了。

后来，她唱了《一生所爱》，这是《大话西游》的主题歌。虽然粤语不够标准，也没能超越原唱，但相当深情。

后来又听她唱了《站台》，改编版《映山红》等几首老歌，心里默默为她鼓起掌来。

PK赛时，谭维维几乎是拼了，唱得所有人都热血沸腾，这一战，她终于称王，给了自己一个交代。

我有幸作为《蒙面歌王》半决赛的乐评员，与方文山、巫启贤等一起评论。这次，我从彩排看到现场，终于对谭维维产生了喜欢。能在李克勤、许茹芸等这些高手中突围出来，实在不容易。

不过也有人对谭维维现在的定位不满，一个乐评人说她什么歌都唱，所以找不到自己的定位，炫技不走心。

我想，不走心可能是因为年轻，缺乏沉淀。但歌唱路子宽广，也说明人家实力强，流行、民歌、摇滚都可以唱，而且还喜欢改编，敢于挑战，从这个角度来说，我倒蛮欣赏她的。

一个来自北京的乐评人说还是喜欢她当年唱《谭某某》的霸气。我找来了谭维维的一些歌来听，发现，确实实力很强，而且《谭某某》唱得很好玩，可能这能表明她当年真实的心情。

也许，这是一个人的自信。

年少轻狂总有这样的自信，但当自信受到阻碍的时候，人又会自我怀疑，所以谭维维也会有自卑和压力。

甚至可以说，这几年里，谭维维其实是比较压抑的，憋屈的。论实力，她不输，但她却始终未能大红大紫，所以才有了"野草"

这样一个代号。对于野草这个名字，她说，她从来不是一朵大红花，从来没大红大紫过，一直是一颗倔强的小草。

能这样形容自己，我觉得她已经成长了。

谭维维确实不容易。早在四川音乐学院上学时她就已经拿过音乐奖，办过演唱会，甚至登上过维也纳金色大厅。后来她参加选秀，超女比赛是亚军。到了《我是歌手》，她最后以踢馆的名义出现，还好一踢成功。这就像某些人，总赶在某些机会的末尾，什么最好的都轮不到你，但是，你能用实力让自己突破，突围。

我对这一点感触最深。有时候，你没有那么好的机会，一旦有个机会，你的光芒就会射出来，才华掩不住，毕竟太横溢。

从这个角度来说，谭维维其实蛮励志的，因为许多人都有这样的遭遇，许多人也都在寻找突破，寻找机会。

而现实未必这么完美，尤其是当有人比你红的时候，你该怎么办？除了继续学习，除了修炼实力，别无选择。

鲁迅在《野草·题词》里说，"生命的泥委弃在地面上，不生乔木，只生野草"。这也可见野草的顽强生命力。

我想，她从来不是一朵大红花，一直是一棵倔强的小草，但是她美丽，她代表着为梦想誓不放弃的当代女性。她们有天分，从青涩不断向着成熟生长，也许当年不够好，也许如今也不完美，不过我看到，她们在拼命。

纯粹且刻苦，这就是当代女性最大的魅力。即便那时她们还不够好，但终于有一天，她们改变了世界的看法，赢得了喜欢。这就是野草的魅力。

所以姑娘，你要努力。

年轻时,你不懂爱情

你年轻时关于爱情的想法,在长大后全都推翻了。

年轻的时候,你不懂爱情。

你以为爱情就是喜欢一个人,那个人也会喜欢你。

但是,你忽略了,你喜欢的那个人,她为什么要喜欢你?你总得有一些资本,总得有一些优势,总得有一些让人迷恋的东西,总得有一点情趣。

但是,当你没有这些的时候,你便不能拥有一个人。所以,无论你那时候多么痴迷,多么真挚,你总是会失去她的。

后来,你喜欢了一个人。那个人,她不是你的命定人,不是你的知心人,你却觉得,她是。

你看到了她回首的风情,看到了她独行的孤独,也看到了她的浪漫。你觉得她是别致的,与众不同的,超脱的,你想——要能和那样的姑娘恋爱,该是怎样的愉悦。

但你却忽略了,她风情背后的虚荣,独行背后的繁华,特别之后的凡俗。你看到的,远只是表面,或者说,你看到的,只是千万分之一的她。

而真正的她,你永远都不曾真正了解,当你了解之后,你才发现，你和她，原本就是两条轨道上的人。

年轻时，你觉得要找一个人来跟你谈文学，那个人得是才女，是朋友，是情人。你觉得你要和她一生都谈文学，一生都有共同的话题。对那些没有才情的女子，你一点都不热爱，都没激情。

但在很多年之后，你才发现，文学从来都不是用来谈的。凡是谈的，都是轻浮的。

真正的文学，是一个人的修炼。就如你多年之后，天天对着电脑不停地敲字，思索，修改，写作永远都是你一个人的事。

这时，你需要一个人照顾你的生活，给你端上可口的甜品；你更需要一个人，懂得你付出的艰辛，执着努力——她支持你，比和你谈文学更重要。

年轻时，你喜欢纯情的女生，你觉得那些没有心计，也不爱玩心计的女生才是真正的女生，才是美好的。

但是，真正长大之后，你才发现，那些天真纯粹的女生，虽然美好，但在处理人际关系上却总失败，因此便会受伤。

那时你便想，要是她能练达一些就好了，要是她能圆融一点就好了，这样就少了许多烦恼。

年轻时，你喜欢柔弱的女子，你喜欢照顾人。你觉得她们蹙眉的一刹那，都有无比动人的心思，她们忧伤的面容就是一首诗，那一声无奈的叹息，足以让你心碎心疼好几天。

可是，真长大成熟之后，你发现，如果天天面对一个爱忧伤的人，你的心多难受啊——你要迁就她，照顾她，想着法儿讨她开心，逗她快乐，但怎么都无法达到目的。那时，你便觉得累。

你想找一个人，她能让你快乐，那才真好呢。

你年轻时关于爱情的想法，在长大后全都推翻了，这能说你变了吗？只能说，年轻时，你不懂爱情。

吸血鬼之恋

电影里的吸血鬼被惩罚的时候，往往都是男主角最撕心裂肺的时刻。

男人大都喜欢吸血鬼，从《暮光之城》小说与系列电影的大热就可以看出，男人对这类"特殊"的爱情，都有刻骨铭心的情结。

吸血鬼之所以吸引人，就是因为她具备了许多本身相冲突的特性，譬如，漂亮，美貌——每一个吸血鬼，都年轻貌美，永不老去。

而现实中的女人，无论多么青春靓丽，只要过了四十就基本上走下坡路。虽然有人说，女人岁数越大越有味道，三十四十才是女人的黄金时期，但有几个女人自己不心慌慌？

前几天，有个朋友跟我感叹："我们公司有个女领导，以前被誉为公司第一美女，生完孩子后，最近怎么看皮肤都有些松弛，那份光泽完全失去了。"

现实里没有的，就只好去神话里寻找——男人喜欢吸血鬼，是他们幻想"女人永远十八岁"的真实表现。

吸血鬼的身份非常特别，她们既不是神仙，也不是魔鬼。当然，她们和人更不一样，神仙太遥远，从来神仙都没有缺点，不太容易靠近。

就如嫦娥，虽然她也貌美如花，但多少年来，中国男人对嫦娥并没多少幻想，就因为她太遥远了，吴刚她都不肯要，明摆着是要过神仙似的生活，一般人怎么能伺候得了？

魔鬼就太恐怖了，好多人从小就烙上了深深的阴影，谁会自讨苦吃？选来选去，最后就只有吸血鬼是既有神性，又有鬼魅之气，更有人性。

这几种"性"混杂得层次分明又丰富多彩，好比一个人有许多的特质，当然让男人欢喜。

另一方面，吸血鬼大都有着自己的苦衷。她们冰冷，因为她们是吸血鬼，必须吸血才能生存，这种被迫性与苦衷往往能激发男人的同情——就如你的朋友忽然疏远你了，你很生气，但某天他跟你说："其实，我是有苦衷的！"

不管他的苦衷是什么，不管他是否真有苦衷，你都会原谅他。吸血鬼那种无法摆脱的命运，往往让男人有想一探究竟的欲望，甚至有要搭救她的意思。

吸血鬼的特性，决定了她们不随大众，不俗气。

她们独来独往，有着冷酷的个性与潇洒的形象，这一点，尤其能抓住男人的心。

吸血鬼是有危险的，影视剧里的男人，往往在得知吸血鬼的身份后，反而更加爱她——这说明，男人不怕有危险，危险反而能更大地激发他们的冒险精神。

最重要的一点是，吸血鬼也有软弱的一面。

无血可吸固然是她的一大软肋，但这恐怕还不能强烈地抓住男人的心。吸血鬼会受伤，法力有限，也会受到限制，甚至会死，这种柔弱才是男人甘愿奔赴的关键——

他想保护这个弱小的生灵，他想保护这美好的形象，她如此纯洁，如此无辜，世人怎么可以伤害她呢？

所以，电影里的吸血鬼被惩罚的时候，往往都是男主角最撕心裂肺的时刻。这一点，与现实里男人喜欢保护柔弱女人的特性如出一辙。

女人们，要想长久抓住男人的心，恐怕也要跟吸血鬼学一学。比如，打扮得漂亮一点点，偶然扮一下酷，有个性一点，不庸俗，不世故，时而玩一下冷漠，时而表现一下柔软，你楚楚动人的模样，一定会让他"我见犹怜，我见犹爱"！

本真的生活

我们的人生，有时候也不得不化妆、变身，虽然好看，或者鲜妍，但其实已经失去了自我。

有一天去印度餐厅吃饭，老板推荐了六道招牌菜，其中有两道都是鸡。

第一道是印式烤鸡,端上来的时候,发现烤得太红了,红到我还以为它是蟹钳呢,因为它实在太像了,鲜艳地诱惑着你的眼与心。两个鸡腿都烤裂了,却不黑,也不焦,真不知道是怎么烤的。

唯一的遗憾就是,烤得太过熟了,失去了韧度。而且,味道完全被配料的香味给掩盖了,很难吃出它是鸡肉。

另一道咖喱鸡,相信很多人都尝过。很浓郁的咖喱,仿佛一碗咖喱汤,等到用勺子去底下搅,才翻出里面的鸡肉块来。

汤的味道太浓烈了,还放了辣椒和香茅,浓稠的汤黄澄澄的,鸡块很少,基本都是配料,要仔细翻找才能找出鸡肉来。

不过,如果说有什么遗憾的话,那就是这两道鸡都被改变了味道。不仅形状、色泽变了,连鸡肉本身的味道都失去了——咖喱、辣椒、香料充斥其中。

这些味道强烈的食材让鸡肉本身的味道被淹没,甚至被改变,浓烈的咖喱汤已经将鸡肉变成了配角,充斥你口腔的全是咖喱的浓香,而留下记忆的居然也是咖喱味。

同样是吃鸡,粤式清蒸白斩鸡则是另一种样子。

鸡块几乎不放什么调料,也没有经过复杂的加工,端上来就像刚杀过的样子,好像没经过处理。但一旦吃起来,就发现,那才是真正的鸡肉,肉比较韧,甚至有点鲜甜的感觉。

我一开始吃不惯白斩鸡,现在反而特别热爱这种原生味道。

白斩鸡吃的是鸡本身的味道,如果想多点味道,可以蘸点酱油,味道也不会复杂,吃的还是鸡味。

如果你问我喜欢印度式烤鸡肉、咖喱鸡还是广东的白斩鸡,我肯定会告诉你，我更喜欢广东的白斩鸡。

为什么？因为后者才是最接近鸡的本真的做法。前者喧宾夺主，甚至让鸡失去了本味，后者是鸡真正唱主角，不奢华，不粉饰，就做它自己就好。

印度烤鸡或咖喱鸡有点像我们的人生，有时候也不得不化妆、变身，虽然好看，或者鲜妍，但其实已经失去了自我。

而粤式白斩鸡虽然平淡，却坚持做自己。

这是两种态度，两种生活，你喜欢哪一种？

你要珍爱的我

一定是美食，让我们有了相聚的缘分，而那份温柔，
就是让我们沉醉的美好！

去北京王府井书店签售《恋上你的味儿》，美女主播张璐问我，陈老师，你最喜欢哪道菜？

这问题可不好回答，脑海里闪过一个个念头——我吃过那么多美食，我喜欢的美食也很多，让我说出最喜欢的，还真从来没想过。

不过，一闪念之后，我不假思索地答出，雪里藏珍。

是的，就是这道"雪里藏珍"，不是很大众的一款菜，甚至

不为人知。很多餐厅都没有，在深圳我也只在一家餐厅吃到过，而且只吃过那一次，但为什么它会给我留下那么深刻的印象呢？为什么我最喜欢的菜肴是它呢？

因为它让我惊艳，好比遇见一个绝色美女，惊鸿一瞥，还没看清面容就已经擦肩而过。

但是，从那身影，那风度，那气场，那气息，你就已经感到你彻底地"爱"上她了，她就是这样让人深深迷恋。

我记得，那时我还在做杂志，受邀去淮扬菜餐厅采访。这家餐厅的菜系很清淡，素雅，做得精致而唯美，很多菜都很好吃，但是，当这道"雪里藏珍"端上来的时候，我们所有人都惊诧了。

何为珍？你可别以为那侍者端上来的一盘雪下面有针啊！

起初，我们所有人也都以为，那是一盘雪——当侍者为我们拨开上面的冰晶，露出下面的锡纸，再揭开锡纸，我们才知道，里面是银鳕鱼。

真是别致创新，几乎所有人都被它征服了。

这是你最舍不得去夹的菜，因为银鳕鱼太纯白晶莹了；这也是被吃得最快的菜，几乎所有人都不想错过；这也是被吃得最光的菜，最后唯剩一盘雪。

好的东西，理应珍惜，所以，这道菜叫雪里藏"珍"。

就如饭局上的我们五个人，每个人都通透畅快，大家有相见恨晚的感觉。席间聊到好吃的美味，好玩的地方，聊到彼此的生活，都诚挚坦率。

当聊到即将到来的假期时，已经有人相约要一起携伴出行了，情投意合的程度，难道是美食的神奇催化？

是的，一定是美食，让我们有了相聚的缘分，而那份温柔，就是让我们沉醉的美好！

你有一封信

这就是时光的力量，要不然怎么说岁月是把杀猪刀呢！

偶然看了一期深圳卫视的《你有一封信》，一个阿姨在节目中寻找四十年前的初恋。阿姨的老伴去世七年了，子女也都支持妈妈再找一个老伴。

她说，只要找到初恋，他去哪里她都跟着他，她带着户口本和房产证，就等他召唤，和他结婚。

初恋真找到了。可是，看得出来，男人有点震惊，也许他没有想到她会寻找自己吧。他一直看着镜头里的她，直到主持人让他们见面，他才站起来走向她。

她说，真想你啊。可是，初恋说，想也没用，都过去这么多年了。在编导和主持人的安排下，他们以一个拥抱告别——想了几十年，见面也只能这样。

而她之前的自信满满，之前做好的充分准备，她幻想的见面场景，甚至是她的兴奋与激情，在见了他之后全都偃旗熄鼓。

她说，可以接受，可以理解，但还是掩饰不住失落。

看到这里，我想起许多年前，我和一个老师说，好多年没有某人的音信了，一直联系不到她。老师后来见了她，大概是说了我的话。某人说，如果他想可以联系我啊。

老师转述的话，让我感觉某人淡淡的，似乎我多情了。从此，我再不想念过去的人了。

这是经验之谈。

就是那些过去的同学、朋友，一旦分开，感情也就淡了。不是人走茶凉，是环境过去了——不管过去多好，但过了那个时刻，要好的条件没有了，再也拾不起那份感觉。

电影里，一个男人回去找过去的女人，尽管他深情款款，但女人却不买账。她说，有些好，就只能留在过去。

说的真是准确极了。

很多时候，那个人当时对你好，只是他当时闲着无聊，他愿意对你好。现在他没那闲工夫了，所以，还是不要纠缠。

你要明白，你惦念的那个人，只是存留在你的想象里，回忆里，一旦坐实，便也失去了唯美。

而且，你牵挂的那个人，他也不一定希望你去找他。过了那么多年，大家早已改变，你找到的，也不是当年的那个他。

这就是时光的力量，要不然怎么说岁月是把杀猪刀呢！

时光，真的可以杀死一切相思和深情。

你觉得那是你一辈子的最爱，你觉得那是你最喜欢的人，但是，时光却早已把他改变。

其实，何止四十年，就是四年，四个月，也足以改变一个人——多年不见的亲戚朋友，好久不联系的情侣，最后都生疏了，这些都是最好的明证。

时间会杀死一切牵绊，淡化一切深情。时间会让你慢慢明白，你心中的那一个，最终也只能变成"那个"。

每个人心中都有一封信，一封要写给那一个人的信。只是，那封信还是不要寄出，还是留在心底的好。

理想的女性

> 要有生活的本领和快乐的智慧，这才是我现在喜欢的女性的特质。

我的草稿箱里，保存了一个文档，是和一个女生的聊天。她问我，你希望什么样的女性，以什么目的来和你聊天？

为什么会问出这样的话？原来，当初她加我QQ，想和我聊文学。可我没时间，没怎么回应她。"就没点私人空间吗？"她有点失落。我随口说，是真的没有哦。

这应该是五六年前的事了。

当时的我已经不和女人聊天了，因为要忙着看书写专栏。

我那时有个奇怪的想法，就是觉得网聊太浪费时间。但是，如果你打电话给我，或者和我见面聊，我倒挺能聊的。

我觉得打电话和见面都能获得灵感和启发，但是，网聊，我没一点兴趣。

那个女生受了打击,说:"哎,其实我感觉你应该是个很随和很健谈的人啊!"我说:"是啊,我是很健谈的,但是,我不喜欢无谓地聊天啊!"

其实,这一切都因为,我对她没兴趣。

犹记得,那时的我依然坚持追自己最喜欢的女生,对其他的女生正眼都不看一下,这让许多女生觉得奇怪。

要问我那时候喜欢的女生是什么样,我也许会脱口而出:浪漫、风情、喜欢文学。

的确,对那时的我来说,一个女生最重要的是要有女生的特质,有美貌,有风情,浪漫而优雅,最好是带着青春的气息,清纯的气质。这就是我最喜欢的。

如果你要我详细地说一下,别那么抽象,我也许可以给你描述几个瞬间。比如,一个女子,在校园里,白衣飘飘,写诗,朗诵诗歌,她是那么真挚,那么虔诚。

这样的女子当时能入得我的法眼。

再比如,某个女生下课的时候,独自一个人走在去图书馆的路上,凉风吹起她的长发,飘逸而柔软。她身材颀长,苗条,背影孤独,有让人怜惜的味道。

再比如,有个女孩子,失恋后将自己的头发染成了酒红色。

我从来没看到过那么好看的头发,是酒红,不夸张,是特别但又好看的那种。她指着自己的头发,对我示意,让我留意她染了发。她从书包里拿出巧克力,送给我吃。

那是我第一次吃巧克力。从此,巧克力在我的味蕾上种下了甜蜜的基因，留下了深刻的烙印。

多年后，我成了巧克力控，可是谁能知道，这原来和她有关呢。

我还可以再写出许多这样的瞬间，这是我那时觉得很棒的女性特质，这是她们身上闪现的光彩和迷人之处。

但是，今天，我心中喜欢的女性，已经大变样了。

今天我喜欢乐观积极的女性，喜欢那种热爱生活，活得兴兴头头的人，她们能搞定自己的生活，能照顾好自己，这很重要。

当然，除了照顾自己，她要有开阔的视野，豁达的性格，通畅的心灵。她不仅仅是温柔贤惠，内心细腻，还要能包容。

只有宽阔的心灵才能容纳这个世界，也才更快乐。

再比如，那种勇往直前的勇气，包容一切的魄力，无限的能量，让男人觉得可以获得温暖。

这样的女人在身边，男人一定会成功。

至于那些文学啊，优雅啊，这些，都已经被替换了，它们反而没生活的智慧重要。要有生活的本领和快乐的智慧，这才是我现在喜欢的女性特质。

无论如何，你看到，男人要么喜欢清新可人的女性，要么喜欢有才华的女性，要么喜欢智慧生活的女性。也许不同阶段有不同标准，但至少总结起来一个字就是，好！

这些女性让我们觉得好，甚至可以说本质上是因为感受到了高贵之气，才觉得好。所以，要想在男人心中做永远美丽的理想女性，你一定要让自己，很好很好。

独自用餐的时光

独自用餐，品的不是美食，是寂寞。

一个朋友说，相对于热闹的饭局，她更喜欢一个人用餐。因为一个人吃饭时可以肆无忌惮，毫无章法，不必在乎餐桌礼仪，更不用担心吃相不雅，心无旁骛地专心于吃。

这是她的享受，也是她的奢侈。

我也喜欢一个人吃饭。不过，我觉得一个人吃饭的时候，自由是足够多了，但寂寞却增加了。

从前，我一个人吃饭的时候，总是害怕到热闹的中餐馆，因为中餐馆是最能体现中国熟人社会模式的地方，大家笑声喧哗，猜拳划令，唾沫横飞，激情飞扬。

而你一个人吃饭，显得你茕茕孑立：要么，你人缘不好，要么，你没有魅力，所以落得个孤家寡人、独自用餐。

相反，去西餐厅吃饭，一个人倒不怕，因为那里约会的男女众多，根本没人在意你。大家都安静地品尝着美食，喁喁私语，生怕别人听到他们的心思。

而西餐厅最特别的地方在于，它就是要安静到极点。除了动人的音乐——那多半是背景音，和没有声音是一样的。

而且，正是因为有了这音乐，才显得更安静，这就给了情人们极大的安全感——你完全听不到任何隐私。

在这样的地方，一个人吃饭，是情调，是小资，是享受。所以，我特喜欢一个人的时候去西餐厅。

单身的日子，你一个人吃饭，有时候会觉得沮丧。你觉得，怎么你这么优秀，还没有那一个他？你长得挺漂亮，挣的钱也不少，你坚强独立，聪明智慧，为什么你还是一个人？

你不知道那个人什么时候才会出现，恍惚觉得自己是个不被爱的人，那一刻，美食让你觉得，它是唯一的安慰。幸好还有美食，让你获得心灵的慰藉，要不然，你真不知道怎么继续下去。

相恋以后，你习惯了两个人吃饭。

总是有说不完的话，哪怕没话可说，但看着对面那个喜欢的人，你也有一种安全感。觉得自己终于不会孤单到老了，总算有一个人深深地爱慕你，明白你，体谅你，了解你，懂你。这世界，没有辜负你的美好，而你终于让世界感受到你的温柔。

某一天，习惯了二人世界的你，忽然又再一次一个人吃饭，你真的不习惯了。首先是不知道吃什么，其次是不知道该去哪里吃，你似乎又恢复到单身的时候，那种迷茫的状态。

假使你去那些熟悉的地方，你会触景生情。去一些新地方，你又缺乏激情，觉得没有人陪，一个人不想奔赴。

当你吃到某一种食物，忽然想起从前的种种，爱慕默契的瞬间，忽然觉得伤感，泪流满面，那是你真心的时刻。

所以，一个人用餐，不管多坚强的人，总会吃出一些寂寞来。

如果你能将寂寞品出味道，能在寂寞的时候还热爱这个世界，觉得美食给了你勇气，你还要在这世界继续打拼、寻找，你依然相信爱情，那你一定可以获得幸福！

如何才能成为一个内心强大的人

> 内心强大不代表一切都无所畏惧，人还是应该有敬畏心的。

写了《屌丝要逆袭》，鼓励一个女孩，让她内心强大。女孩看后请我再写写，如何才能成为一个内心强大的人。

我仔细一想，原先我也内心脆弱，后来慢慢就变强大了：我一直觉得我能实现梦想。当我满心揣着这个信念时，我便什么都不怕了，什么苦都能吃，即使我漂泊无依朝不保夕。

一个内心强大的人要学会自恋。

自恋不是你平白无故地夸大自己，而是你发现你很好，你很棒，你有优秀的品格，纯正的气质。当你了解自己的这些特质之后，你会发现你真的好伟大，你就是和别人不一样。

一个人要想内心强大，还真得有点特别的功夫。拼江湖不是用手打的，当你有了某项才华之后，江湖就会有你的位置。

所谓不争并非不要，是等自动会送上门，这和古人说的"君子无所争"是一致的。一个人最强大的表现是自我超越，如果你超越不了自己,你怎能超越别人?

当然还有最重要的一方面——你要有强烈的欲望,没有欲望便很难有强大的内心。

就如我多年前认识的一个小姑娘,她就想待在乡村,觉得城里人际复杂,想过与世无争的生活。

如果没有欲望,便觉得一切困难都是不值得的,一切苦都是白受,很快就会打退堂鼓。这样的人,你让他如何强大?

还有人讨厌复杂的人际关系。办公室里稍微有点矛盾,或者不愉快的事发生,他就觉得很难过,"我干不下去了"这种心灵真是脆弱。

也许,现在的人应该向那些老一辈学习一下。

要知道,在过去铁饭碗的时代,很多单位的同事之间也会矛盾重重,甚至吵过闹过打过,但是他们都有一颗无私的心,都是为了集体的荣誉。

所以,即使有你不喜欢的人在眼前捣乱,也要把自己的工作做好。因为有人的地方都是江湖,你去哪里都逃不掉江湖,逃不了人际关系。

一个内心强大的人不在乎世人的评论,流言,甚至是诬蔑都可以不在乎。

我想起《红字》里的女主角白兰,她因与牧师丁梅斯代尔相恋并生下女儿珠儿,被罚戴上"通奸"的红色 A 字标志示众。

但是,她一点都不慌张,当她从容地做事赎罪的时候,她的形象是光辉的,她最终以强大的内心赢回了尊严。

如果她不够强大,估计早要羞愧地自杀了。

当然，我说的内心强大不是要你做错了事还依然固守，而是说你在正能量场上要有一颗顽强的心。

内心强大，不代表一切都无所畏惧，人还是应该有敬畏心的：保留一份内心的纯真善良，这是内心强大的底线。

与正义背道而驰还依然故我，那不是强大，是时代的逆流。

古话说，头上三尺有神明。而外国人则说，仰望头顶的星空。我觉得仰望人类文明的高度，拔高自己的灵魂到无限的尽头，这才是真正的内心强大！

温柔乡里沉醉

这或许是对情欲最好的把握，多情，好色，而不淫，这才是君子所为。

说到淮扬菜，你首先会想到什么？狮子头？扬州？烟花三月？想起古代的盛景，内心对淮扬菜萌生出一股强烈的情欲，"十年一觉扬州梦"，当年杜牧醇酒美女的地方，是每个男人心里的隐秘。而女人，又何尝不向往那一种妖娆的风情。

所以，烟花三月下扬州的，不仅有爱慕那种风情的男人，更有风情万种的女人。

我的一个美女朋友就特别喜欢扬州，她是做旅游杂志的，写得最美最好的文字，便是关于淮扬的风俗人情以及扬州的美食。

她说，真想移居到那个城市，常年沉浸在那种文化氛围里，那样，自己也可以成为一个风情万种的女人吧。

而，我们所说的淮扬菜，当然是带着这种精致妖娆风味的。

淮扬菜是指流行于扬州、镇江、淮安及其附近地域的菜肴，与鲁菜、川菜、粤菜并称为中国四大菜系。

淮扬菜集众家之所长，是江苏菜系的卓越代表：刀法细腻，口味清淡；菜品形态精致，滋味醇和；讲究火候，擅长炖、焖、煨、焐、蒸、烧、炒；原料多以水产为主，注重鲜活，口味平和，清鲜而略带甜味，像著名的清炖蟹粉狮子头、大煮干丝、三套鸭、水晶肴肉、松鼠鳜鱼、梁溪脆鳝等都是代表。

著名饮食专家沈宏非说过，正宗的江南菜都离不开汤汤水水，其实和粤菜有点像，如果说精致，那淮扬菜比粤菜更是有过之而无不及。

淮扬菜的出品则更是精致有加，精美更甚。这不是溢美，而是因为相对于岭南的燥热来说，淮扬地带的人浸染了太多烟花三月扬州的风情和纸醉金迷秦淮河里的销魂。因此，他们制作出来的美食，都带着致命的诱惑，让人食之忘形。

不信？你就先尝尝淮扬菜里最具代表性的蟹粉狮子头吧——记得我第一次吃蟹粉狮子头，就是在一家地道的淮扬餐厅里。

狮子头端上来的时候，我完全被那个精美的盛器给惊艳了：小小的古色古香的盅里，盛着一个占满空间的圆球，轻咬一口，你完全被一种松软和馨香侵袭；再咬一口，你会发现，它是那么新鲜，里面的小孔都带着热气，冒着小气泡；一口汤下肚，立即有一种被穿透的感觉，通身都觉得舒坦。

其实，这原本是一道很肉欲的菜，但是，大厨们就是能做出让你不觉得堕落的感觉——

汤汤水水中，加一些清鲜、带灵性的辅菜，综合了那份肉糜的贪欲，而多了一份清淡雅致在里面。

这或许是对情欲最好的把握，多情，好色，而不淫，这才是君子所为，也是中国士大夫喜欢的情调。

如果是鲜妍热烈火爆热辣，那就是快乐刺激的一派，而不是清俊飘逸的淮扬风范了。

所以，我觉得淮扬人的性格，用这一道清蒸蟹粉狮子头就可以展现无遗了。

想你的细节

只要他一个细节，你就能活过来！

美剧《生活大爆炸》里有一个细节很让我心动：那是莱纳德外出的时候，谢尔顿自己在玩 3D 象棋，他邀请佩妮玩。

佩妮说，你这是在想念莱纳德吗？因为你平时总和他玩这个。

谢尔顿摇头说 NO，佩妮也耸耸肩。

谢尔顿说："我会想念他用糖浆在我的松饼上画张脸吗？不会。

我会想念他把我卡住的夹克拉链修好的方式吗？我想不会。我会想念，我们隔着卧室墙用摩尔斯电码互道晚安的夜晚吗？"说到这儿，他嘟嘟地敲了几下。

佩妮笑笑。看得出，谢尔顿一直在极力否认，但他所列举的几个情景，却都是他想念莱纳德的证据。

是的，有时候你不经意间做的事，就是你和那个人经常做的事。就如黛玉有事没事会拿出宝玉送的诗稿发呆，或者自己写几帖看看。那是他们一起做的事，她会用这个来想念他。

有时候，你极力否认的事，恰恰是你最在意的事。

你说你才不想呢，其实，你早已相思断肠；有时候，你说你很讨厌那个人，其实，你早已想他想得要疯了；你说他最好不要回来，死在外面永远不要回来——那是你在怪他怎么还不回来。

好吧，想念一个人是惊心动魄的，但想念一个人却往往都是细节。

你想念他在早晨给你的第一个吻；想念他轻唤你的名字，说一声我爱你，道一声晚安；想念他嘴唇轻抚你额头的温度和触觉以及那触觉引发的回味。

你想念他喊你的名字，想念他督促你喝水，想念他给你做的早餐，想念他做的荷兰豆炒腊肉，想念排骨胡萝卜汤的味道，想念你们一起吃饭的畅聊，想念他将奶油糊你一嘴的搞笑。

所有这些想念，全都细小微末。

当然，有时候也会想念一个人的叮嘱，唠叨；想念一个人在你身边走来走去，想念他脚步轻盈，呼吸温柔；想念他发脾气的样子，生气地噘起小嘴的萌劲；想念他对你严苛的样子，因为他希望你完美尽善。

想念一个人，在你还没离开他的时候，就已经开始想念——远去异乡的岁月，晨起已经不习惯，因为没人叫你，中午他不能陪你吃饭，所以会显得寂寞。晚上，没有他给你做的晚餐，没有他陪你说话，总显得失去了什么似的。到了睡觉的时刻，却翻来覆去睡不着，原来，是没有他无法安睡。

想念一个人，只要他打一个电话，说一句问候，听一下他的笑声，想一下他笑脸，你就立即得到了解药，获得了解救。

只要他一个细节，你就能活过来！

心太软

让你遍寻不着，更留下无限的追忆。这就是美好的女人留给男人的感受吧。

你吃过淮扬菜馆里的心太软这道菜吗？就是那道红枣糯米点心。不过，香乐园的心太软，那可真是名副其实。红红的枣里，点缀着轻盈的一片白，仿佛是寒宫里的玉兔。

大多数餐厅里的心太软都是凉的，只有香乐园的心太软是温热的，最好吃，为什么？因为糯米冷了，那种黏性就变硬不好吃了，吃到肚里也是凉的，伤情啊！

而温热的心太软则是软的，轻灵的，仿佛是空气，仿佛是情人的气息，还没到嘴边已经融化了，就已经让人欲罢不能了。

在场的朋友，每个人都爱这道心太软，难道，仅仅只是因为这美丽的名字吗？

心太软的色彩非常漂亮，鲜红的枣，红艳欲滴，让人想到烈焰红唇的诱惑。

鲜红的花瓣中间则是雪白的糯米，仿佛唇红齿白，让人忍不住去亲吻。

真吻上的时候，又是如此温润，轻盈，犹如你最爱的人的唇。一旦接触，便温柔香氛得让你沉醉，你被吸引着，诱惑着，一点都舍不得离开。

它太空灵了，入口即化，让你遍寻不着，更留下无限的追忆。这就是美好的女人留给男人的感受吧。

关键是那温度，真是刚刚好。如果太凉的话，就会冷入肠胃、寒入肺腑，这道菜就失去了它融化心灵、慰藉灵魂的作用了。

如果太烫，则又让人难以触碰。

它的温度刚刚好，就是你想要的情人的温度，暖心，但不会烫伤你，不会吓着你。

而且，为了说明心太软的温润美好，我还想做一个对比——你一定被糖水里的蜜枣烫过舌头吧？那种烫是让人胆怯的，恐惧的，后怕的。

你也一定吃过汤里的红枣，不过被煮过的红枣，早没了那份质地和甘甜，嚼在嘴里反而多出了一份酸，真是一点口感都没有。

而我们的这道心太软，简直是完美的化身，它的色彩，温度，柔软度，味道，都是那么让人舒舒服服，吃在嘴里，回味在心里。

世间有灵气的女子，大抵都是这样的吧，鲜妍，温润，美好，不张扬，不夸张，不妖艳。

看起来很顺眼，舒服，赏心悦目，像心太软一样味道甘美，美得让你想一口吃下去，但又舍不得，欲罢不能，只好吞下去。

而一旦吃过，你又无比怀念，还想再吃。

若是多日吃不到，你便想得不行，念她，叨她，整颗心都融化了呢。

那时，不仅她是"心太软"，连你也变成"心太软了"。

无用的好人

他对其他人都如此，可你需要的是他对你和对其他人不一样。

我有一对朋友，男的是个好人，女的也是个好人。男的二十八岁了，还单身一个，女的二十六岁了还没找到真爱。

男的总向女的请教，怎样才能将一个女人顺利成功地推倒呢？而女的也发问，为什么身边就没一个让自己心动的男人呢？

这个男人被这个女人冠以"求睡天使"的称号，这是因为这个男人虽然想上床，但每每有机会，他全都放掉了。

也不是故意放的，就是到了关键时刻，他的良心忽然就发作，把姑娘放跑了。他费了一番工夫，无功而返，显得失败而沮丧。

这个时候的他，就向他最好的异性朋友，也就是这个女的倾诉没有女人的苦恼。

有一天，我忽然想撮合他俩，就说："你们俩，男大当婚，女大当嫁，都单身，都寂寞，彼此了解，互相靠谱，你们俩谈谈不就一切问题都解决了？"

两人嘿嘿一笑，敷衍过去。事后，女的对我说："他只适合做朋友，做老公绝对没劲！"

问之为何？答曰："他太好了，而一个好人和一个烂人没什么区别，尤其是烂好人，那就更等于是烂男人了，我不能要！"

到底他哪里让她不爽了呢？我细问之下，她才一一道来：

首先，他对很多女人都一个态度，没有特别好的，没有显示出他对谁是最爱；

其次，只要是个女人他就觉得还不错，这也太没追求了吧？

其三，人家让他做什么他就做什么，完全没有主见；

其四，见了那么多女人，连一个都搞不定，事后还后悔，真没劲；

最后，跟了他，你说能有什么激情？他就是想找一个老婆……

在她眼里，他是十足的好人，待人不错，但也仅只是个好人，对她没任何吸引力。而她需要的是一个有主见，有独立思想、雷厉风行、果断勇敢的人，就算有缺点，也能将她当唯一。

是的，她反复强调了一个词，他必须对她要比对其他女人好，让她感到，她在他心中是最珍贵最重要的，这一点比什么都重要。

生活中有不少这样的男人，他们对每一个女人都好，对每一个女人都留点情。从他的角度来说，他也许是想，都留下点瓜葛，建立点关系，到时候也许都有可能。

也许他是善良的出发点，但另一个女人却会觉得，他怎么没有主次之分呢？

要知道，女人最希望男人对她比对其他女人好了，所谓邀宠不就是这个意思吗？

女人天性里喜欢男人将她当唯一，当最珍爱的，就像妃子们总要在皇帝面前争皇后一样，因为那象征了你的魅力最大。

而一个男人，他对你和对其他女人没两样，你怎么判断他对你就是真的？就算是真的，又能有多真？因为他对其他人都如此啊，可你需要的是他对你和对其他人不一样。

所以，一个滥好人真的和一个烂男人没什么区别，女人不要他也很好理解了。

如何做一个强悍的人

> 困难时刻，挺身而出，关键时机，拔剑而出，这才是真正的猛男啊！

台剧《小资女孩向前冲》让我学会了一个新词：娘炮。

像女汉子一样，娘炮也是采取将性别倒置的方式，只不过，女汉子多半有悲壮的骄傲，而娘炮则要让人无地自容遁地而逃了。

我认识的一个朋友说，他去算命，算命先生说他娘炮。姑娘们也直接表达，你太娘炮，不是我喜欢的款。

他深感男性自尊受到打击，决心变成爷们，好让那些羞辱他的人闭嘴。他的方法是，找一个老师，拜一个大哥，爱一个女人，当一次领导。

找老师也得有人收，怎么让人家收你为徒，前提还是不能太娘炮。

认一个大哥，多半也永远都被大哥使唤，强权之下，马仔只能望其项背，爷们的秘诀却仍难掌握。

爱一个女人倒靠谱，爱一个柔弱的女人，爷们的一面自然被激发。这是这个朋友的总结。

我倒觉得，应该爱一个狂野的女人。

遇强则强，在一个温柔似水的女人面前，你的狂野只不过是比她狂野而已，而征服一个狂野的女人，则让你一下子从弱者变成了最顶尖的高手。

狂野的女人未必看得上娘炮，但是，别管她，征服她。只要她臣服，你再娘她也不嫌弃你了。

权力是最好的"春药"。

当了领导，就算你是娘炮，也有女人倒贴你。

我曾经认识一个小帅哥，清秀得如日本动漫少年，大家觉得他啥也干不了。

不过，当我再遇到他的时候，他已经是个主管了，再看他的形象，多了胡须，一下子成熟十多岁。

大概当领导确实能激发雄性激素，让人一下子成为猛男。

当然，当领导也不是必须的。卡萨诺瓦一辈子也没当过领导，这并不妨碍他成为欧洲著名的情圣。个中原因，恐怕还是要有懂女人的因素在里面。

其实，女人喜欢的猛男并不是五大三粗，如果那样，找个肌肉男就够了。

问题是，娘炮要想变成猛男，他必须证明，他是有价值的。

才华是一支利剑，有权有钱的女人往往喜欢男人的才华。

娘炮要想变猛男，首先要有别人无可超越的才华，就如练就了举世无双的神功，谁个不膜拜你？

其次，得有独到的个性，人云亦云随波逐流男，女人可没兴趣。

此外，只有当你拥有丰富的情史，才能证明你是个受女人欢迎的人。这样的男人，女人多半会爱慕，买涨不买跌，买的就是你的高价值。

没有价值，那就只能低到尘埃里了。

娘炮要变猛男，最关键的还是内心，要宽阔，宽容，包容女人的缺点，给她无穷无尽的爱，支持。

当男人有了责任心，那就是最凶猛的爷们。

涂脂抹粉又怎样，每天照镜子又怎样，爱八卦又如何，就自恋惹谁了……困难时刻，挺身而出，关键时机，拔剑而出，这才是真正的猛男啊！

所以，娘炮们，不要气馁，按照我的药方，你多半能迅速变成猛男，加油吧！

你越冷，他越热

> 不要试图改变或反抗人性，而是要摸清它的脾气，按它的规律来做就 OK 了！

火车上遇到一对男女，男的超帅，女的一般，但男生却好像非常爱她，一路上对她细心照顾，呵护有加。

奇怪的是，这个女生对男生态度平淡，女生渴了，男生给她拿雪碧，连盖子都拧掉，递到唇边；女生饿了，男生给她削苹果；他一会儿逗逗她，一会儿搂搂她，但她就是没什么反应。

像这样的情况，在美女和丑男间也会出现，虽然是个美女，可也比较让人同情。

我就曾亲见过一个美女，对男生超级亲昵，一会儿勾勾他的鼻子，一会儿亲亲他的脸颊，一会儿又撒娇地趴到他肩膀上，甚至嘴里还喃喃有声。

她一定是希望男生来关注一下她，或者陪她玩。但男生却冷无表情，继续坐着发呆或抽烟，压根就不理她。

按说，美女应该失望，应该逃跑，不是吗？

恰恰相反，男人越冷，美女越热，男人越冷，美女越想挑逗她，因为她在发挥魅力，想证明自己的吸引力到底有多大。

这个时候，男生如果一直淡定下去，保持岿然不动的姿势，美女就会觉得他很酷，更是爱他爱得发狂。

这种情况，用一句话概括就是：一方冷，一方热。

任何年龄阶段的男女，都会出现这种情况，因而具有了普遍性。这种情况，往往冷漠的那一方比较舒服，可以享受到对方的照顾，天性热情的人却容易陷入被动，以后就总是处于迁就对方的地位。

你是不是也遇到过这样的情况？

上学的时候，老师总是喜欢成绩好的学生，可是成绩好的学生却总是很高傲，从来不对老师特别热情，有的心里还瞧不上老师，但老师就是要对他们好。

而那些成绩一般的学生，却对老师格外热情，老师反而往往冷淡。毕业后，对老师感激的也往往是成绩一般的学生，那些成绩好的很多都不再跟老师联系。

还有，身边常有这样的，有个人对另外一个人非常好，另一个人却并不怎么理他。你很奇怪，为什么她都不回应他，他还对她那么好呢？

原因就是，那个被奉承的人往往容易高傲，有人对自己好，显得自己很酷，因此会继续高傲下去。

那个对别人好的人，因为对方高傲，始终得不到应有的回应，就会心有不甘，因此会一直对她好下去，想彻底地征服她，看看自己的魅力。

当然，那个占主动的人也不是一直永远都冷冰冰，她偶然也会对他好，让他得到一点甜头。又给他的不是太多，因为一下子给完了，他便觉得没意思了。

这就是那个被热捧的人的聪明之处，她知道人性的特点，她明白如果你太平和，便会让对方觉得不怎么样。你太热情，便会被对方看扁。

这就是人性，虽然你觉得不可理解，不可理喻，甚至有点奇怪，但也没办法，它就是这样。

不要试图改变或反抗人性，而是要摸清它的脾气，按它的规律来做就OK了！

会爱才是正经事

得了爱无能，或许自己都不自知。

有个朋友自从毕业，前后找了一二十个女朋友了。

每一段感情都不能维持太久，有女人主动要走的，也有他让人走的，平均下来每个女人也就两三个月光景。最长的七个月，已经算他众女朋友中的一个奇迹了。

朋友找的女孩子，不是这有问题，就是那有问题，太漂亮的没文化，有文化的不漂亮。

朋友也蛮想结婚，只是，每次找的女人都似乎不是他理想的结婚对象，每次找的都不那么百分百满意，总是缺了点什么，有点凑合的感觉。

朋友说，忍受不了寂寞，无论是身体还是心灵，能抓住一个是一个，先过着再说。

如此，几年下来，找女人，分手；分手，找女人，都习以为常了。

朋友患的就是现代人多多少少都有的病，爱无能。

所谓爱无能，就是指一个人失去了爱别人的能力，也没心思去爱，甚至，一点都不想爱。但因为怕寂寞，还是会找一个人来填补，这种情形，就是爱无能。

爱无能，可以用"不言爱、不愿爱、怕爱，对爱情抱着虚无主义立场，患得患失，无人可爱"这句话来概括。

患了爱无能的人，一般都具有以下这些毛病中的一种：

1. 随便抓到一个人就要了，也不确定那个人是不是最爱的，反正，能一起住就OK了；

2. 到处找刺激，找一夜情；

3. 每个人都吝于付出，都只想着让对方来照顾自己，给自己解闷，却从不为对方着想；

4. 你走了也没关系，反正我还可以再找一个人，这个人跟那个人之间并无本质区别；

5. 永远都在等别人来填补生活，一个人就无法快乐。

爱无能的原因，有可能是因为之前受了情伤，不再相信爱情，这在许多女生中比较常见。

还有一些人是，从小就被当王子/公主养，长大了就得了"王子病"或"公主病"，生活能力差，爱人的能力更差。

第三种是比较自恋,谁都不爱,只爱自己,这种人,也没心思爱别人的;最后一种,就是天性浮躁,安定不下来。

得了爱无能,或许自己都不自知。据调查,很多剩男剩女都有爱无能的症状,只是,他们不自知,不承认。

爱无能怎么治疗呢?以下这几个方法,或许可以一试。

1. 经常想想你的初恋,找回那种纯真的美好感觉;
2. 让自己多忍受一些寂寞,锻炼自己忍受寂寞的能力;
3. 看准了才下手,别四处乱找人;
4. 交往到一定程度,才确立关系;
5. 不要急于上床,要从精神交流开始。

第二章　你的生活在哪里

独爱小清新

小清新就是，你不一定很喜欢它，但你也不会很讨厌它。

美食里面，是有一些食物也是小清新的，譬如笋。

笋是一种清新的食材，尤其是笋尖，更见清俊。

用笋做虾饺，饺皮薄到透明，能看到里面的虾肉，白里透红，像水晶一样。轻咬一口，饺皮有弹性，笋尖和虾肉都很脆，咀嚼有声，越嚼越有味。

在台湾中华牛肉拉面里吃到玉米芯，惊为天人。

在极富质感的拉面里，吃到这水嫩的玉米芯，让人有如在一群俗妇里看到一个水出芙蓉的女子一样，是天然雕饰的感觉。

西兰花也不错，哪怕是最简单的白灼，那份清雅也是让人迷醉。

曾经吃过一道菜，里面是花胶，外面是西兰花，搭配得像个艺术品。夹开西兰花才看到花胶，让人觉得惊喜，而荤素的搭配也相得益彰，清淡，素净。

小时候，我吃过油菜薹。

油菜刚长到半寸左右，正是一日千里的生长时刻，折下菜秆，汁水一下子全冒出来了，吃一口，真是清脆欲滴。

这哪是吃菜薹，分明是在吃水灵灵的青春啊！

蟹黄竹笙扒豆腐，清新宜人。竹笙脆得能听到声音，放了蟹黄，华丽的感觉一下子就上来了。只是，这一道菜里的竹笙实在是太出众了，完全掩盖了豆腐的光芒。

这就好比一个雅致的人，偏偏被一个俗人追求，日久天长，那俗人也便多少能沾染一点清雅的气息。

在福临门吃到一道上汤浸菜远，真是优雅的名字啊，不禁想起"远上寒山石径斜，白云深处有人家"这样的句子，古典到家。

其实，它就是上汤小青菜。可是，那料调得是如此温润，菜远脆嫩，完全不是平素的味道，就如秀才与天子的区别。

其实，小清新给人的感觉就是文雅，素净，让人觉得吃得安心，有一种特别的清雅之感。

就如在众多美女里面，有妖娆性感的，狂野豪放的，但是，却有那么一位，就清新可人地站着，不发一语，你却完全被她吸引。

你是小清新吗？小清新就是这样的，你不一定很喜欢它，但你也不会很讨厌它。

腹有诗书自优雅

优雅不需要你大富大贵,不需要名牌加身,不需要岁月的洗礼。在你年轻的时候,你就可以做到优雅。

有位女作家说,优雅的女人都"懒惰"。

她举的例子是,有个太太之前一直干家务,不擅长收拾自己,结果老公就有点嫌弃她。

在女作家的建议下,这个太太开始学会偷懒,用十分之一的时间收拾家务,十分之九的时间搞定自己。结果,老公回来了。

如果是这样,那优雅也太简单了:女人们只要学会偷懒,适当懒惰,就能优雅了。

事实却绝非如此。

优雅更多的是一种内在的气韵,而要想修炼这种气质,最好的方法就是用文学、艺术的修养来浸润自己。

就如我认识的一个女孩S,个子不高,长得也不算漂亮,就是普通邻家女孩的感觉。可是,她会唱歌,能自己作词,还写得一手好文章。

S曾录过一张专辑,见过她的男生都会不自觉地喜欢她,因为她身上有一种书卷气,艺术气。这样的女生,散发着一种知性的优雅，一种横溢的才华。

　　一个女人的优雅，很多时候和她的才华有关，你很难从一个平庸的女人身上看到优雅的影子。

　　S留学过日本，对日本文化比较有研究，美食，动漫，流行文化都比较了解。她刚从日本回来的时候，我为她介绍过一个工作，没过两个月就和老板解约了，因为她想做自己喜欢的事。

　　你看，这就是独立而又有自我意识的女生，总是对自我有清晰的认知。这样的女生，不会为了生存委曲求全，不会为了一份工作放弃自己，她知道自己要什么。

　　谈到爱情，S不会期期艾艾，也不会急吼吼。单身的时候，她就努力工作、健身、才艺、写作，把自己排得满满的，生活很丰富多彩。有人追，她也不虚荣，明确知道自己要什么样的人。

　　有个高中同学追S，在情人节当日表白。她说，要是拒绝他会显得很残酷，所以，她就推迟回复。为了让这种推迟显得自然而不刻意，她选择了情人节出游。

　　当同学约她的时候，她说，我在外地，回头联系你。错过情人节再婉拒，她不想伤他太深。能如此善解人意的女子，本身就是一种优雅。

　　最近，S告诉我，她又在学法语，她的MV也拍出来了，在QQ音乐都可以听到她的新作品。

　　一个追梦的女生，不断突破挑战自己，是十分优雅的。

　　所以，优雅不需要你大富大贵，不需要名牌加身，不需要岁月的洗礼，不需要你到了三四十岁后看尽人间繁华、沧海桑田之后云淡风轻——在你年轻的时候，你就可以做到优雅。

干得好才能嫁得好

如何嫁给一个美国总统？答案是：比总统更牛。

米歇尔访华，很多女性都羡慕米歇尔嫁给了奥巴马，却忽略了米歇尔本身也是一个了不起的人。

事实上，米歇尔堪称奥巴马的人生导师。

在奥巴马当选为美国总统前，米歇尔就已经是芝加哥大学医学院的副院长，几个机构的执行董事，年收入大约40万美元，比奥巴马还多。

奥巴马能当上美国总统，米歇尔功不可没。

在奥巴马竞选总统期间，米歇尔全面把关他的竞选计划。更长袖善舞，利用她在商界的人脉资源为奥巴马募集赞助，助力奥巴马竞选并连任成功，倒显得奥巴马像是一个站在第一夫人旁边的人。

明白了这个过程，你便会发现，米歇尔之所以成为美国第一夫人，并不是因为她嫁给了奥巴马，而是因为她是米歇尔。

这种情形在希拉里身上也展现得淋漓尽致。

网上有个段子说：有一年，克林顿夫妇去一个加油站加油，加油站服务生是希拉里的初恋。克林顿笑着跟老婆说，你要是不嫁给我，你老公可能就是一个加油站服务生。希拉里回答说，我要是嫁给他，当总统的可能是他，哪里会轮得到你。

虽然是段子，但也说出了至理："一个优秀的女人，是会成就一个伟大的男人的。而一个男人能走多远，则取决于他娶了什么样的女人。"

正如电影《尽善尽美》里的一句台词："是你的存在，让我想成为一个更好的人！"

或许，正是因为米歇尔、希拉里如此优秀，才成就了她们丈夫的事业，这是志同道合的婚姻典范。

这与很多中国女性所信奉的"夫贵妻荣"是多么不同。据报道，中国有75%的女性认为"干得好不如嫁得好"。

这如果不是一种流毒，便是一种愚昧。因为，如果你干得不好，你是很难嫁得好的。

现在男人都精明着呢，如果你没有才华仅有美貌，对不起，只能活在"当下"再说。

何况，"嫁得好"也是靠不住的。因为男人的心随时随地都会变，如果哪天他不再爱你了，你还怎么去指望"嫁得好"呢？美貌、青春都会消损，只有你的能量和智慧才会与日俱增。

如果你能用你的才华和智慧、成功和成就去帮助你的男人，让他依赖、依仗、仰望你，打死他也舍不得离开。

所以，女人们都应该学学米歇尔，她给女人上了一堂深刻而又充满前途的励志课：只有干得好，才能嫁得好！

这才是女人真正幸福的出路。

最好的时光

最好的时光,并非就是没有爱情的束缚,而是指,你是否过了你想过的人生!

李银河先生写了一篇文章《生命正进入最好时期》:"似乎百毒不侵,真正我行我素;心中全无欲望,百无禁忌;自由自在,随心所欲不逾矩。而且并没有完全陷进叔本华钟摆的陷阱:他说只要有欲望未得实现就痛苦;只要所有的欲望都实现了就无聊。我虽然摆脱了所有欲望,但是尚未觉得无聊。"

有读者留言:"原来王小波先生在世的时候不是你的最好时期啊!"

其实,李银河先生说的是生命的自由,并不单纯指爱情的最好时期。当然,这个网友也挺搞笑,问出这样的问题。

不过,我们谁也不知道,李银河先生到底是怎么想的。揣度别人的私隐不是君子所为,所以,我并无穷追究底的打算,我只想,谈谈爱情。

李银河说:"对于一个自由的灵魂来说,爱是不自由的,不爱才是自由的;爱是束缚,不爱才无束缚。一个自由自在的灵魂只能独自一人面对宇宙。人生来就是孤独的,所有的关系(包括爱情关系）都是身外之物，对于渴望自由飞翔的灵魂来说，都是羁绊。"这说出了许多人内心的真实想法，但是，没有人敢如此大胆地说出来。

至少，我们看到的都是歌颂爱情美好的文章，太多的动人故事，精美格言，《读者》《青年文摘》《心灵鸡汤》，可是，爱情真有那么完美无缺吗？最起码，对不够完美的爱情来说，它远非那么完美。

譬如，她和他在一起时，活得没有自我，没有尊严，没有快乐；她是他的附属，消遣，玩物，他完全不把她当回事。

可是，和他分手后，她忽然就找到自己了，觉得之前过的不是人的日子，至少不是幸福女人的日子。她觉得那些让她流干了泪的日子，真是傻极了，愚蠢极了，怎么能和他在一起那么久呢？

对她来说，分手就是一个最好的选择，一个人过，就是最好的状态。换句话说与真正的自由相比，爱情还是比较麻烦的，最起码，有时候它会压抑你的意志，让你不能随心所欲。

所以，你会看到许多人离婚后高喊："我终于自由了！"

那种兴奋与欢快，真让人觉得他一定是过了非常差的情感生活——前几天一个做销售的哥们就这样对我说。看到他雀跃的样子，我可以想象那段感情给了他怎样的压抑。

就算是正常的爱，也是不自由的。

爱之所以是不自由的，并非爱本身有问题，而是我们，以爱的名义，给自己增加了太多的负累。

譬如，我们只能爱一个人，我们应该对他（她）最好，我们不可以有其他想法，更不可以懒惰……所以一切，都必须是最完美状态的，所有时刻，都必须是全情投入的。可是，谁有激情可以一直维持在完美的高潮状态？所以，这便是爱的负累。

由此，便得出一个结论：爱情绝不是人类最好的归宿。

因为，人都是向往自由的，但爱情给人更多的是束缚。尤其是当爱情消逝的时候，只剩责任与亲情，留给人的，更多的是义务，而不是快感与舒爽。

可是，为什么还有那么多人甘愿走进爱情呢？

因为，自由虽好，但自由也往往意味着孤独。而人类是害怕孤独的，比较起来，还是爱情好。不过，这也只是对大部分人而言，对另一些人说，无爱才是最好的。

所以，如果你不适合爱情，你就选择单身；如果你不想被束缚，你就可以一个人过。最好的时光，并非就是没有爱情的束缚，而是指，你是否过了你想过的人生！

将先锋进行到底

> 既然男人靠不住，早晚都要一个人养孩子，那不如一开始就不要男人，省得吵架争执离婚给孩子带来痛苦。

2014年3月，有则劲爆新闻：南京一位三十多岁的剩女人工授精成为母亲，原因是她一直找不到合适的对象。

这让许多剩女心有戚戚，她们或许感同身受，内心共鸣。而剩男则不知如何是好。

为什么会这样？一方面，剩女期期艾艾，痛骂好男人都死哪里去了；另一方面，无数剩男也在黑夜悲哭，因为各种经济或者其他原因，无法成家立业。这并不是没有市场，而是供需脱节。

据说，这位剩女将授精成功称为人生中最珍贵的礼物，她选择这一道路也是做足了思想准备的："一直找不到合适的对象，又不想勉强找个人嫁了，随着年龄的增长开始担心老无所依，于是就想要个孩子。"

她的话可以说概括出了许多大龄女人的心底话，对她们来说，并不是离不开男人，而是担心老无所依。那么，如果有一个孩子，自己的人生或许能有所寄托。

事实上，对女人来说，孩子确实是最大的希望。

很多女人在做了妈妈后，都将全部心血和精神投注到孩子身上，有个孩子就是生命有了延续，有了依靠。这是中国女人特有的一种心理。

让她们有如此想法的，还是男人的不靠谱。

就如新闻中的这位女性，她在感情中受过伤，一段是因为异地恋而分手，另一段都准备结婚却被男友背叛了。付出了很多时间和感情的她备感失望，伤心之余，慎重考虑，才选择了不要男人。

我认识的一个美女主持则和她有同样的想法。情场坎坷的她早已看淡男人，她经济独立，生活富足，早已对不靠谱的男人不抱希望。但她希望有个孩子，然而有个孩子就必须找个合适的男人，人工授精这么先进的事，她还没胆量没勇气。

如果有人能赐给她一个孩子，她真的可以不要男人。

现在有人做出了表率，我那个朋友看到这则新闻后也非常触动。她说，再等两年，如果还找不到合适的人，她也不排除选择这一方法。

所以，这则新闻真的为女性开了一个好头，她给无数女性开了一个药方：如果某天，你实在找不到合适的男人结婚，而你又不肯迁就，那么你也许可以选择人工授精。

这样，你拥有了一个孩子，却不需要面对一个男人，你想要的有了，你不想要的也不会出现，真是两全其美。

至于社会舆论则完全不是问题，我在微博和微信做过调查，95%以上的人都表示赞成这个女性的选择，觉得很新潮，很勇敢，很有个性。

既然男人靠不住，早晚都要一个人养孩子，那不如一开始就不要男人，省得吵架争执离婚给孩子带来痛苦。

让未来的你，喜欢现在的自己

只有对自己狠一点，才能走得轻松，活得愉悦。

你想成为什么样的人？你现在是什么样的人？你觉得你以后会变吗？未来的你会喜欢现在的自己吗？

常听人说，那时自己真傻，傻到什么程度？

比如，被闺蜜抢了男朋友，他们好了一两年自己才知道；比如，明明那个人出轨了，自己还死乞白赖地祈求他，不要走，还要给他洗衣做饭，端茶倒水。

那时候，为什么那么愚蠢呢？

很多男人也是，寂寞的时候囫囵吞枣，饥不择食，什么样的女人都要，什么样的感情都谈，一夜情，离婚的，已婚的，全都收入麾下，吃坏了"胃口"，最后丧失了真爱的感知能力。

当真正有个人喜欢他的时候，他反而不会恋爱了——因为之前都在胡来，现在让他以正儿八经的方式对人，他反而不会了。这就是滥交的后果。

《洛丽塔》是部经典的电影，很多男人都喜欢里面的美丽少女，可是，谁知道她的悲哀呢？她年少的时候单纯，无知，被一个大叔勾引，还不断地沦陷，甚至难以自拔，沉潜其中。

当她长大之后，她才发现那段畸恋，是让她受伤的。所以当亨伯特再去找她的时候，她死活也不肯再跟他走了，因为她不喜欢那个愚昧的自己了。

还有《情人》的作者杜拉斯，年少时为了钱和中国北方男人的相恋一直让她感到耻辱。她写作，与其说是为了出名，不如说是为了忏悔自己。

她不断地反思那段生活，不断地诉说，其实是为了内心的平静。但怎奈，直到老去，那段少女耻辱的生活都抹之不去。

人们年轻的时候都会犯错，不过，那时的错往往都是一时之错。一时之错还不可怕，可怕的是，有些人会一直错，错一辈子。

比如，有人特别贪婪，有人非常懦弱，有人追求物质，有人极端下作，有人为了爱情放弃所有，有人为了金钱放弃爱情，有人禁不住诱惑把好好的幸福葬送掉了，有人不敢追求自己想要的生活，有人不敢放弃所有去追求自己的真爱……回望过去的自己，看看现在的模样，你觉得未来的你会喜欢现在的自己吗？

如果不会，那么，就好好地修炼自己吧！把自己不喜欢的都扔掉，用毅力克服自己的缺点，让特别讨人厌的缺陷都消散，改掉臭毛病，那样的你，才会让自己瞧得起的。

人最怕的是连自己都瞧不上，如果那样，别人又怎能瞧得上你呢？所以，为了不让未来的你鄙视现在的你，还是痛下决心吧！

当然，还有断舍离。不抱守残缺，不故步自封，不沉浸在过去的溃疡里，还甘之如饴。要勇于抛弃，勇于舍弃，只有对自己狠一点，才能走得轻松，活得愉悦。

如何抓住一个男人的心

会做、爱吃、不管我。前四个字都是说吃，而关键点是后三个字——不管他，也就是给他男人要的自由。

看到一篇文章，说香港的美食作家蔡澜和太太方琼文恩爱的秘诀是，太太能够抓住他的胃，并说这是蔡澜自己说的。

我认为，如果光靠抓住蔡澜的胃口，是肯定抓不住他的心的。

众所周知，蔡澜是美食家。更重要的是，蔡澜本身懂吃，会吃，他了解食材，自己会做，估计太太对厨艺的讲究是赶不上他的。对于这样一个专家，太太要怎样做才能抓住他的胃呢？

何况，蔡澜经常在外品尝美食，估计一年到头也没几天在家里吃饭，那么靠抓住胃口留住他的心，便不那么靠谱了。

我看过蔡澜写过的一篇文章，描述餐桌上女人的表现。从中能看出，蔡澜还是喜欢有修养、懂人生、聪明智慧的女性，这样不庸俗的女性才能获得他的赞许。

推及感情上，蔡澜的太太应该也是这样一位知书达理、含蓄优雅的女子，要不，是无法让蔡澜死心塌地的。

蔡澜说，太太对他的消化系统了若指掌，什么时候吃，该吃什么，吃多少，吃得好不好，舒不舒服，她都一清二楚。这不是说明她抓住了他的胃，而是说明她有多爱他、关心他。

只有很爱很关心一个人时，你才会如此关心他吃什么喝什么，才会如此关心他的胃口，身体健康。如果不爱，哪管你吃什么？

所以，重要的还是爱。

关于这点，我深有体会。比如，我太太就会经常说，给你弄点什么好吃的呢？或者说，你想吃点啥呢？要不，给你煲个汤吧。或者，你好久没吃瑶柱了，我给你做个金银蛋炒瑶柱饭怎样？

她经常说，你这么瘦，我要怎样才能让你吃胖呢？可见，她想的更多的是我，什么不能吃，什么要多吃，什么要少吃，她都提醒我。如果她不关注你，她哪有闲情来操心这个？

人生在世，很多时间都要花费在吃吃喝喝上。我算了一下，我一天之中，用来喝水、吃零食、吃饭的时间，差不多在三四个小时。如果是外出用餐，估计一天要有六七个小时。

所以，如何将我们的生命因吃而丰富多彩起来，这是非常重要的考验。也只有那个深爱你的人，才会有耐性来接这个考验。

不过，除了照顾好你的胃口之外，女人要想让男人着迷，重要的还是要捕获他的心。

怎样捕获？或许蔡澜的肺腑之言可以给你一点启示。

蔡澜在他的银婚纪念日庆祝仪式上说，太太的优点可以用七个字概括：会做、爱吃、不管我。前四个字都是说吃，而关键点是后三个字——不管他，也就是给他男人要的自由。

这恐怕是夫妻甜蜜更内在的原因吧。

如果有一天我不再爱你

不管谁先不爱，都不要折磨对方。

最近参加了一个婚礼，新娘是我的朋友，一个大陆人，新郎是新加坡人。两人认识一年，彼此深爱，爱到恨不得天天在一起。

在婚礼上，司仪问新娘有什么感想。

新娘没有像其他新娘那样发表爱的誓言，而是望着身边高大帅气的新郎说："我担心的是哪天我不再爱他，而不是他不爱我。

我真不敢想象，有一天，我不爱他了，那该会是多么无趣与黯淡。"

　　新娘的话说完，新郎微笑着，俯下身吻她。我们都被这动人的一幕感动了。

　　感动不是因为这个婚礼的豪华，而是因为朋友的诚实，也因为新郎是一个懂得的人。张爱玲说过，因为懂得，所以慈悲。

　　我想，新娘和新郎也都是懂得的人吧，不然，新娘不会说出这样的话，新郎也不会如此理解她。

　　这些年参加过不少朋友的婚礼，只是，像这样让我触动的却还是头一回。为什么？其他人的婚礼，要么太奢侈，要么太甜蜜——甜蜜到矫情（请原谅我这么说），像这样真诚的倒还是头一回遇到。特别是新娘的现场感言，真跟其他人的不同。

　　现在，我都会背那些我所参加的婚礼誓言了，什么"我永远爱他，也希望他永远爱我""生生世世永远相爱，永远在一起""不论健康或是疾病，不论贫穷或是富有，都愿一生一世陪伴对方"……无一不是希望对方爱自己，或表达自己爱对方，像朋友在这么隆重的时刻说担心将来不爱的，真是少见。

　　或许有人不喜欢这样的诚实，也正因为这样坦诚，才说明了朋友对她爱人的爱是多么热烈，多么真挚——如果不是很爱对方，哪怕将来分手也不会难过吧。或者也可以说，正因为现在这么爱，才担心将来要是不爱他了，那是怎样无趣与黯淡。

　　朋友实在是一个诚实的人。这倒让我想起电影《非诚勿扰》里的一个片段：葛优跟一个云南姑娘相亲，葛优问，如果将来我们俩不好了，可以分开吗，就是可以离婚吗？

　　那个姑娘说了这样一句话，我哥哥会打断你的腿的。你想，葛优肯定会被"吓"跑的。因为，将来是有可能两个人闹矛盾的，与其那个时候闹纠缠，不如现在就不开始。

这其实也是一种诚实。谈恋爱时，这种诚实的态度特别难得，特别可贵。但遗憾的是，人们都爱听恒久的、永远的、生生世世的话，都爱听谎言，却很少有人爱听真话、诚实话。

有人说，不说永远。是的，因为世界上根本就没永远，永远都是我们用来自欺欺人的。如果你还不明白，那我不妨跟你说，有些人就是喜欢把事情说死，说绝。世界是变动的，未来什么事都可能发生，不说死不说绝才会符合实际情况。

那些"我爱你一生一世""我爱你到老，到海枯石烂到天荒地老"的情话和誓言比山高，比海深，但说不定下一秒就分手了。

人生有诸多的不确定性，这种不确定性或许是——我们自己先不爱了，也可能人家先不爱了。

但不管谁先不爱，都不要折磨对方。

他什么都不做，只是来爱你

他什么都可以不做，但必须爱她。只要爱她，他就是一个好人。

前段时间，韩剧《来自星星的你》席卷整个华人社会，而另一方面，美剧《纸牌屋》则让许多精英男性沉迷不已。

前者让女性疯狂到让自己的老公去整容，而后者则让许多经济学家、作家、企业家折腰，甚至有些国家政要会见外国政客也要拿《纸牌屋》做话题。

《来自星星的你》的桥段我看了一些，《纸牌屋》也看了一两集。虽然两部剧都很热门，但两部剧的粉丝却截然不同。后者的粉丝指责前者的粉丝幼稚，其实也是误解。

《来自星星的你》的粉丝和《纸牌屋》的粉丝有部分重叠，但数量相当少，原因是，有部分《来自星星的你》的粉丝去看《纸牌屋》，但她们发现，她们无法喜欢。不喜欢的理由，当然是里面没有爱情。

有人写了一篇文章，叫《如果这都不算爱》，写男女主角弗兰克与克莱尔之间的关系，他们的感情有别于任何传统观念中的婚姻模式，充斥了政治盟友和互相利用的感觉。

你不能说这不是一种爱情，因为它虽然剥离了传宗接代、柴米油盐，甚至生老病死这些人间夫妻的常态，但也做到了互相协助，一起成长，而且，共患难，同分担。甚至有人说，他们的感情更纯粹，更深刻。

但是，我必须得说，这种爱情很少有女人能接受，只有热衷权力的女人才能接受这样的情感模式。

真正的小女人，谁不想要更温柔、更细腻一点呢？所以，《纸牌屋》里的爱情不是女人的菜。

不仅如此，《纸牌屋》里还有对女人的杀戮与利用，比如那个被杀死的女记者。当你为男人杀伐征战，目标实现后他却将你推下车轨，碾碎生命。

女人看到这样的男人，恐怕只有恐惧与噩梦吧。所以，不管男性精英们如何标榜《纸牌屋》的真实和逻辑，女人们依然不爱它，但不管剧情怎样不切实际，她们也一样要爱，因为那是她们喜欢的，想要的。

事实上，女人不仅要爱情，还只要爱情。她们希望男人什么都不要做，就只陪她谈情说爱，像宝玉那样，整天嘘寒问暖，腻歪在黛玉身边，她就特别受用。

而如果你天天都不陪她，让她一个人形单影只，那你简直就是罪大恶极。就如《来自星星的你》里，外星人到了地球，就只爱女主角一个人，别的什么都不做。

而如果男人去外面打拼，累死累活地挣钱，女人在家耐不住寂寞，红杏出墙，那也不能全怪女人，男人也有责任。

电视剧《一仆二主》里就有这样的情节，男人在外面挣钱，女人一个人在家，和网友聊得火热，"亲爱的""老公"，这样的聊天记录被老公发现，震怒愤怒，女人羞愧自杀。

编剧说这责任在男人。的确在男人，钱挣多挣少都不要紧，但是，老婆要不陪，那就是别人的了。

所以，当听到有编导批判韩剧意淫、乱写的时候，我就想他真不懂女人。

因为女人就要这样的感受，女人就要一个男人来全心全意爱她，什么都不做地爱她。他什么都可以不做，但必须爱她，只要爱她，他就是一个好人。

成功的人都对自己凶狠，对别人怜悯

> 不如对自己狠一点，无所谓一点，像个水手一样对自己说，那点痛算什么。

经常见到许多抱怨成性的女子，说父母不理解自己，男朋友劈腿了，老公出轨了，上当受骗了，好像全世界都在为难她，与她为敌，让她过不去。

说到伤心处，扑簌落泪，那眼泪哗哗地就流出了。

我是心软之人，最见不得别人掉眼泪，哪怕一个陌生人或悍妇，如果她掉眼泪，我也会觉得她挺不容易的，脑海里立即原谅她所有的不对，想她真是命运多舛，受苦够多。

但又一想，不对啊——她为什么是现在这个样子，难道她自己就没原因吗？难道她做得都对吗？

孤芳自赏，有可能真的有芳——比如梅艳芳，当年唱着："女人花摇曳在风尘中，女人花随风轻轻摆动，只盼望有一双温柔手，能抚慰我内心的寂寞……"

那是高处不胜寒，是真正的无人懂——但是，这份孤芳后来也凋零了。可见，孤芳自赏终究不太好，伤神。

我觉得世间大部分女子，多半不是孤芳，是自怜。比如有个女子，是我做《第一调解》嘉宾的当事人，她年轻时在老家带孩子，老公在深圳开车。当她指责老公出轨时，老公指责她也出轨。

她就找原因："我出轨是因为你常年不回家，我出轨是因为孩子病了，离医院远，没人帮我。那个屠夫，他用自行车帮我把孩子驮到医院……"说得声泪俱下，似乎出轨情有可原。

其实，很多女人会因为男人帮忙而以身相许，这是底层女性的生存现状之一。但如果觉得有人帮忙就要以身相许，无奈之下就可以出轨，那就太想当然了。

而那女子最让人惊诧的还不是出轨，是她在节目现场的哀怨。她说身体不好，老公不关心，数十年来都不闻不问。她每天都疼，然后全副身心都放在她的疼上，其他一切都不管了。

可是，谁不疼呢？我妈妈以前每到下雨阴天就会心口疼，年纪大了又常腿疼，但我们从来都听不到她说。

我妈妈说，老家有个邻居，有一点疼就叫喊得不得了，一点小病都张扬得全世界都知道。另一个邻居则默默承受，一个人化解所有的痛。前一种人我们叫他不担事，后一种人我们称他忍辱负重。显然，我们更欣赏后一种人。

不光底层人士，有些上流人士也非常骄矜，只要受一点累，吃一点苦，遭一点罪，她（他）就觉得委屈。

《钢铁是怎样炼成的》里的冬妮娅，其实就是吃不了苦的典型，她想过小资产阶级的富裕安稳生活，而不想跟保尔投奔革命遭罪，所以她选择了分手。

影视剧里也有这样的案例，女主角为了富裕的生活，投奔她并不爱的人，因为她觉得自己美丽，天生丽质，不该过贫贱的生活。可是，丑人就该遭罪吗？

生活给每个人的考验都是艰难的，每个人都有幸福的权利，凭什么别人可以忍受，你就不能忍受？凭什么漂亮的人就该更幸福？所以，别再自怨自艾，谁都有苦痛的时候。

男人也是。

从前，我会觉得自己很辛苦，可是哪一个人不辛苦呢？那些成绩好的人，哪一个不是付出了巨大的代价、全部的时间？

创办财经杂志《睿财经》的时候，我采访过许多企业家，他们中有人说曾饿过几天肚子，有人说曾吃过冷水泡方便面，有人说睡过公园座椅。说的时候，轻飘飘带过，好像那根本就不算一回事。这样的人，是让人敬重的。

相反，也有男人受不了。比如，我认识的一个企业家，他就说自己当年在香港人生地不熟，语言不通，说自己的不容易，说自己的付出，满满的都是自怜。

更有人为了避免吃苦，选择傍上富婆。这样的男人也是自我怜惜的典型。

我记得，《挪威的森林》里的永泽曾对渡边说，永远不要怜惜自己，因为怜惜自己是弱者的行为。那一刻，我深为警醒。

我年轻时怜惜过自己，但我发现，越怜惜自己你就越痛苦，因为你觉得吃了那么多苦，忍受了那么多寂寞，你应该更幸福——现实未必给你那么多，你更难满足。

不如对自己狠一点，无所谓一点，像个水手一样对自己说，那点痛算什么。

这才是真正的女子，这才是真正的男子汉。

能享受寂寞是成功的开始

寂寞，才好！

亦舒有篇小短文，名叫《寂寞吗》。

看到这标题，我想说的是，寂寞，才好！

如果回到若干年前，我会说，你寂寞吗？

我很寂寞。若干年前，我是一个寂寞的文青。

你知道，一个苦苦追寻梦想的文青，一个有天才的性格却不是天才的人，他的寂寞是与这个世界对决的寂寞。

他不苟同一切世俗的规范，总是想跳出藩篱，一切规定好的路他都不想走，所有的机会和安排他都觉得束缚，他想要一个绝对自由，想要完全按自己的心活着。这样的人，不寂寞吗？

在很久以前，我是一个寂寞的人。

没有很好的人际关系，不能与同龄人打成一片，从来没有呼三邀四过，没有狐朋狗友，没有死党，即使站在一大群人里，我也依然是孤独的自我。

我踯躅于街头，独立于人群，人群又回我以孤独，这样的我在这个尘世，是感到凄凉的。

幸好，还有家人，有父母，他们给了我最无私的关爱和温暖。

让我觉得，我还要继续走下去。

多年以后，那种感觉不胫而走，不翼而飞。

我不知道是从哪天起，我不再感到寂寞。我可以不去约会女生，可以不见朋友，可以不向任何人倾诉，可以几个月不外出，可以不向任何人讲我心中的烦恼。这是让人欣喜的。

最初有这种感觉时我还觉得诧异，是不是我老了，为什么我现在没有向朋友倾诉的欲望？为什么我现在没有什么想法要向他人沟通？我安静地生活，平静地写作，会不会有一天与世隔绝？

当我发现这种状态很舒服的时候，我却一点都不想赶走它。

也许，这种安宁或许和我已婚有关。作为一个深爱太太的人，我找到了情感的归宿，人生有了知己。这当然是重要的。

不过我想，也可能和我内心的成长是有关的。比如，虽然我和太太很恩爱，但太太不喜欢文艺。

记得我学生时代总想和人家谈文学，曾经觉得不找个才女就会遗憾。但我现在也不和太太谈文艺，甚至，她也不读我的书，但我却觉得没什么。而且，见到其他作家，我也没有交谈的强烈欲望。

这或许是因为现在的我觉得文学是内心的事，不是用来谈论的。凡是可以谈论的都是庸俗的，不是真爱的。

所以，我读，我写。不需要交流，也不需要取师，一切都是自己的心在默默记取，潜移默化。都是一个人的事。

曾经我是个有倾诉欲望的人，尤其是寂寞的时候。不过现在我没有任何话要对人说，因为我没烦恼，也没纠结。即使有不顺心的事，我也能化解。何况，我还有写作。

想我年轻时之所以寂寞，主要是因为那时候我写的少。

现在我天天写，所有的烦恼和感悟都写出来了，通过写作外化了，抒发了，蒸发了，没有块垒，毫无压抑，当然也就不需要倾诉。

还有，现在的我主要是别人的倾诉对象，我倾听很多人的婚恋故事和烦恼，为他们出谋划策，自己看得开，看得透，当然不会再有烦恼。

真不寂寞吗？还是会有的，只是已经学会处理寂寞，学会和寂寞相处，这是最大的内因。

就如亦舒说的，世上没有不寂寞的写作人，性不喜热闹，从来就觉得寂寞。但是，每天有写不完的稿，要和出版社、传媒密切联络，哪有时间寂寞？

除了写作，还要讲课，去做节目，天天都在路上，在演播厅，在电脑旁。除了吃饭，睡觉，偶尔做点家务，看看亲人，剩余时间几无。甚至连看一部书的时间都没有，连看电影的闲情都没有，哪有时间伤春悲秋？哪有时间空自烦恼？

还是写作救了我。

有时候想想，自己离家千万里，亲人一年难得见一面，这种亲人分隔的痛苦还是很让人寂寞的。

可是，世间事情，不如意十之八九，这样的时刻，我写点东西，打个电话，与亲人说说话，坏心情也就会过去。

而当看到自己的新书面世，每天不断地有文章写出来，有许多读者写信来寻求安慰，不断地获得认可，我便觉得好开心，这个时候，寂寞便远我而去。

一生的爱情

男欢女爱,喜欢之上的爱,干柴烈火,也就是青年人的爱。

很多人说《百年孤独》看不懂,因为太魔幻。

也有人说《霍乱时期的爱情》看不懂,因为没有合乎常规的故事,无法弄一个故事大纲,而是用无数的细节构筑成了文字的鸿篇巨制,在幽微深处,让我们看到爱情的一生。

或者,也可以说,是一生的爱情。

以费尔米娜来说,她年少的时候,母亲已不在人间,和粗鲁的暴发户父亲在一起,一个老姑母在照顾着她。

她并没有接受过关于爱情的熏陶,没有母亲的亲身教导,初恋来临时该怎么面对,这是一个巨大的难题。

所以,当她接到阿里萨的情书时,她非常震惊,恐惧,胆怯。

尽管如此,对于爱情的幻想,好奇以及天性的反叛还是让她接受了"引诱",铤而走险。因此,在那个曾经为爱情失去哭泣过的姑母的默认和掩护下,她开始和阿里萨信来信往。

这是一种少年人的游戏,仿佛我们少年时代对异性的懵懂与好奇,其实什么也没干,但一封情书,那火辣辣的文字构筑的想象就已经让我们脸红。

我们甚至不了解对方，不知道对方是否适合自己，那不是少年人要考虑的事，而是完全被这种行为和事件所淹没：她接到他的信，证明他是爱她的。

而对一个从未了解过爱情的少女来说，有人爱她，这就已经是兴奋的事，其他的，她便都不管了。

只是，这份初恋被残忍地阻断了，费尔米娜的父亲无情地赶走了姑母，然后带她远走，不留任何可能。费尔米娜凭着一线希望，通过书信和阿里萨保持联系，并打算回来和他结婚。

在父亲的阻隔与不能相见的痛苦中，失望一次次降临。

费尔米娜的爱或已经开始有所减弱，她不再有阿里萨那么强烈的激情。因为她感到命运的无助，个体力量的卑微，在强大的父权面前，她终究是无能为力的。

而恰在此时，因为一场霍乱，她认识了医生乌尔比诺。在父权的强势下，一场婚约就确定了。

不过，就算没有父权的强力，费尔米娜也会喜欢乌尔比诺。毕竟，此时的她已经步入青年，对意中人有清晰的认知了，尤其是在那隐忍而不可发泄的多年压抑之后，她青春的情欲蓬勃而旺盛。事实上，她已经被乌尔比诺所吸引。

小说里有个细节，费尔米娜和表姐妹聊天时说："他长得很帅，他闭上眼睛的时候，我看到他玫瑰色的双唇间，漂亮的牙齿，我想疯狂地吻他……"这其实已经是性幻想了，是被一个男人吸引之后，一个青年女子所产生的性唤醒。

这才是真正的爱情，男欢女爱，喜欢之上的爱，干柴烈火，也就是青年人的爱。因此，接下来，费尔米娜就给乌尔比诺回了信，"我愿意接受你和父亲谈的问题"，也就是她答应他的求婚。然后，他们就成了世人眼中最般配的夫妻了。

当乌尔比诺摔死之后，她先是抗拒阿里萨，随着时光的流逝，她开始慢慢地接受他。尽管那时他们都已经老朽不堪了，但她的心毕竟开始尝试接纳他了。

此时的他们早没有了当年的蓬勃青春，因此在各种努力之后，终于完成了一次灵肉结合。显然，已没有了少年的悸动。

而他们最后的生活，居然是为对方灌肠、洗假牙、拔火罐，这些毫无浪漫可言的事情，居然成为了两个人欣然接受的平常事。这与年轻时一段文字就能心跳得火热的情形对比鲜明。

因此，《霍乱时期的爱情》其实是对一生爱情的写照，告诉你每个阶段，人们在爱情里寻求什么。

读懂了这本书，也就读懂了爱情！

要么饮食男女，要么性灵纯粹

> 人生就在反复在试练与厌倦之中，没有安宁的时刻，这是可怜的。

大学时代的时候，我听过一个段子，说是老婆给老公留言，饭在锅里，我在床上。

那时候，我追求灵魂的浪漫，属于性灵一派，徐志摩风格，对唯美的东西比较着迷，世俗的生活倒没什么兴趣，觉得好俗。

多年之后，当我把自己修炼多年的空灵空性浪漫往社会一放的时候，显得那么突兀，因为社会突然不流行空灵一派了。

女生唯美一点还可以，男生如果再唯美下去，多半会让人觉得单纯。所以，我特想这时候自己能跟周围人一样，烟火一些，世俗一些。

我试着说几句糙话，也刻意记几个段子，不过，那话从我嘴里说出来总觉得别扭，段子也总被我讲得七零八碎，拾不起来。

那时就想，我要是一个俗人就好了。

想想，人生真是有意思。

我用了二十几年去提炼自己的内心，遁入文学，净化思想，独树一帜，但我发现，这却和社会脱轨了。

这就如你去演讲，明明讲得很新鲜，很新颖，但人家说你调子太高。而有些人讲得实在庸俗，你根本听不下去，观众却觉得那很实在，很接地气。

你完全无语了。你不想成为那个庸俗的人，甚至极度反对庸俗媚俗，但大家喜欢这个，你说，该怎么办？

我说这个话题，其实是想引申到爱情。

世间的爱情大抵能分为两种，一种是纯净的，不食人间烟火；另一种是烟火人生，日常生活。

前一种，多高山流水，曲高和寡。后一种则芸芸众生，遍地开花。究竟哪一种好呢？

其实无所谓好与不好,适合你就好。

不过,长大之后我才发现,其实前者的缺陷是高山仰止,人活得累。譬如,面对庸俗的世界,有时候会觉得一种压力,而这种压力让人抱得更紧。

而后一种,活得轻松愉悦,大家都很放得开,生活简单得要命,婚姻就是原始的吃饭睡觉生孩子。后者常常嘲笑前者,觉得太端着了。而前者则可怜后者,人生没有一点诗意。

不过,归结起来,前一种爱情更容易长久。长相厮守,因为有共同的志趣,相似甚至相同的思想背景,他们可以靠精神维系下去。

而后一种爱情因为过于世俗和直接,因而更容易疲乏,当新鲜感过去,当激情消散,拿什么来维系这段感情呢?

而且,因为后一种生活没有进行过深的挖掘,当你到达某一个阶段后,就容易产生厌倦。

厌倦是不忠的开始,换一个新人,没多久又厌倦了。人生就在反复的试练与厌倦之中,没有安宁的时刻,这是可怜的。

这是大多数人的爱情。犹如你挖井,挖了十几米,没有看到水,便放弃了,换个地方继续挖。

而注重性灵派的人则会围绕着一个井口,继续挖,日趋深沉,直到泉水永不枯竭。然后,他会沉迷于那井水的深邃与甘甜,甚至能从里面发现哲学的意味与文学的象征,他们互相映照,看出彼此的美好来。这样的爱情是有诗意的。

这两种爱情,你要的是哪一种?

一个人的好日子

如果你单身,就一定享受那单身的日子,那一个人的好日子。

我看到很多人为爱烦恼,尤其是恨嫁的女子。其实,一个人的时候,也可以过得很丰盛。

记得多年前,我也对爱情寻寻觅觅。那时候,一个当语文老师的大哥对我说,我要是你,我会很快乐,做一个快乐的单身汉,多好。但当时的我沉迷于寻找那个最爱的人,一生一世命定的那个人,她总不出现,于是我就有了些小烦恼,小忧伤。

谁知道,原来单身的日子也这么难能可贵。

如今,我找到了那个她,我的职业也变成了情感专家。可是,我发现,我还没好好享受过单身生活。

因为单身的时候总在寻找,为赋新词强说愁。恋爱的时候,我全情投入。感情稳定后,我越陷越深,将所有的爱与情感都投注在她一个人身上,我不再看外面的莺莺燕燕,也不再有过多的想法,我们相濡以沫,相互依恋。

这未免来得太早了吧?有时候我也想,我是不是提前进入中年了?

所以，如果你还单身，我建议你不妨好好地玩一玩。我不是让你去夜店，不是建议你花心乱来，而是想说，单身的时候，一定要享受单身的快乐。

你要知道，那时候有多自由——那时候你可以赴任何人的约会，想看电影到几点都可以，想写书到几时都没人问，想见外面的朋友，想去旅行，说走就走，都完全自主。

但现在，你要调整很多时间，要配合很多事项，需要考虑照顾的事情太多太多——出差、回家、见朋友、参加活动、录节目，你全都要想，怎么把时间协调好，要多挤一些时间陪她，不让她孤单。你想的很多，挂念很多，虽然幸福，却也会老得快。

单身的日子则要逍遥许多，你想做什么就做什么，想去哪里就去哪里，没人管，没人问，那是属于你一个人的难得好时光。一旦结婚，你则首先要想到对方，这是责任，也是爱情的要求。

所以，如果你单身，就去享受那单身的日子，那一个人的好日子。

请与自己温柔相爱

一个人真正成熟的标志是，与自己相爱。

一个人真正成熟的标志是，与自己相爱。这是我多年后才忽然发现的。

你爱过自己吗？你是什么样的人？你喜欢什么？你最性感的部位在哪里？你了解自己吗？

当你了解自己，你会爱上你自己。

早上起来照镜子，觉得我那张脸还真的蛮别致，五官棱角分明，硬朗清晰，嘴角上扬时好阳光。真的，我好喜欢这样的自己。

每次当我出门讲课或录节目之前，我都会照一下镜子，收拾一下自己，发现自己真的蛮帅的。

那就好，有了自信心，心情大好，未来一定会更好。

一直没有腹肌。最近开始小跑步，打了几次篮球，终于有了一点点小腹肌，看着欣喜。

真的，我学生时代都不知道在忙啥，怎么没想到锻炼出腹肌多吸引女生注意呢？那时候完全没感觉，觉得恋爱就是那个人欣赏你的灵魂，爱慕你的才华，懂得你的温柔，完全忘记了，恋爱需要外形帅气，需要你性感。

动物的本能都是看见性感的东西就情欲勃发，爱情也一样。而我却只活在爱情是灵魂的幻觉里，真是被琼瑶阿姨给害惨了，被文学书给迷倒了，现在想想，真是迟钝啊！

不过没关系，现在爱上自己，还来得及。

爱自己，便不会苛责，我为什么不是高帅富？为什么我没有天生电眼？为什么我的脸是这样？当你不再苛责自己，你就能接受自己，原来，我这样挺好的。

我这等身材挺好，不会摇摇欲坠，不会显得东倒西歪，灵巧。

我这等体重挺好，不会走路喘气，不会爬楼梯喊累。当别人都拼命减肥的时候，我却能怡然自得。

我这样孤芳自赏挺好，最起码，我有大把的时间可以做自己想做的事。

比如，把《红楼梦》看十遍，把《挪威的森林》看十遍，把《了不起的盖茨比》再看十遍，把一首歌听到二十遍，把自己忘了，把时间忘了。

我这样自由挺好，不需要讨好任何人，不需要应酬，不需要去酒吧，不需要陪客户，不需要找资源，不需要公关。

就做我自己，该来的都会来，修炼到家，自然有机会。

我这样自恋挺好，我如果不喜欢自己，会喜欢谁呢？我品格高洁，人格有洁癖，我不喜欢钻营，不混世界，不爱人际斗争，我不苟且，更不苟活。

我这样好，十个人里能遇到一个像我这样的就了不起了，我当然会爱我自己。

我不临水照花，但我知道我有自己的坚持，操守。

我不天天吹牛，但我知道自己的长处和优势，知道自己的兴趣和天赋。

我不怕别人批评，因为我每日都会三省。我深刻地知道自己，有时候也爱虚荣，需要别人赞美，越多越好。

对不熟的人，我很难付出热情，让我寒暄客套，我可能真的干不来。有时候，对人可能表现出了冷漠，那不是我高傲，而是不想让你觉得我热情无比，承诺你许多，然后又无法兑现，不想让你失望。

我给你的是真实，决不虚伪。

当然，我也知道自己有缺点，比如，牙齿不够整齐啊，瘦啊，没有健硕的身材啊。可是，这人都没有完美的不是吗？我要真完美了，我还用如此努力地工作吗？

我也有懒惰的时候。小说断断续续，四五个不同主题的小说同时开写，但每次写到四五万字，总会搁置，坐不住。写专栏，我一蹴而就，出手成章，写完就可以关电脑。

我也有矫情的时候。比如，人家请我讲课，如果条件不够好，我会不想去。如果招待不热情，我会觉得没意思。

我需要被热情接待，照顾周到，体贴入微。如若不然，我下次可能就没兴趣了。

我也有自满的时候。比如，总觉得自己写得挺好，没有大红大紫是缺乏包装，如果机会够好，我一定可以红得发紫。

我也有任性的时候。有个吵过架的朋友，不来找我，我也不去找他，就憋着一股气，觉得自己没必要主动示好。或者说不愿意委屈自己，这也是倔强啊。

有人说，你要与这个世界和解。

其实，我觉得更应该与自己和解。原谅自己这么多年犯的错，原谅自己的冲动与莽撞，原谅自己没有去上培训课，没有拿乱七八糟的证书，原谅自己一直闭门，独自钻研。

原谅自己的单纯，不谙世事，原谅在职场的独来独往，原谅自己不会搞办公室政治，原谅这么多年的动荡，漂泊，吃的苦，受的累。

原谅所有的不对，所有的是非，原谅所有的曲折和艰难，只有那些才成为现在的我。

有人说，要与这个世界温暖相拥，但我说，首先要与自己温柔相爱。爱上自己，喜欢上自己，对自己好一点，温柔一点，当你足够坦荡，你就会顺畅。

与自己温柔相爱，就是发现另一个自己，一个更高贵的自己，一个更优秀的自己。时刻鼓励自己，鞭策自己，我可以变得更好，成为一个更好的人。

生命是一出励志大戏，精彩从爱自己开始！

99%的努力，换来1%的人生

迈出那从0到1的一步，你才可能变成那1%。

电影《念念》里，阿翔学习拳击，想突破自己，成为死去父亲的骄傲。但无奈眼疾，成绩一直不够好。

教练责备他，他自己也非常努力，但还是被禁赛。

他不服气，也不放弃，但教练不肯给他机会，两人发生争执。教练说，想听实话吗，我告诉你，你不是不够努力，你压根不是这块料。阿翔听后，愤怒，失控，歇斯底里。

阿翔渴望成功，却面临一个问题，眼疾。这是后天的疾病，限制了他的发展，但是否就一定代表他不能成功呢？

这电影我还没看完，所以不知道结果。但现实中我有个朋友小艺，她从小被判为没有画画的天赋，最后却成了画家。她还出了一本自传，讲述了自己成为那1%的画家经历。

小艺从小画画。小朋友都画猫啊狗啊，小鸭子，小兔子，她偏偏画蛇，因为她喜欢蛇。可是蛇这种动物怎么画都不会好看，老师看了不仅斥责她，还杜绝她再画，因为吓坏了其他小朋友。

上了小学，人家都画色彩鲜艳的画，花朵啊，向日葵啊，村落啊，她却画那些野草，小虫。

她参加学校绘画比赛，画了一条四脚蛇，被评委批评她瞎画，说蛇是没有脚的。老师还将这个事情告诉她父母。没有艺术积累的父母觉得女儿就是没有绘画才能，也跟着一起责备她。

就这样，小艺画画的热情渐渐地冷却了，扔下了。

直到大三，她偶然在一个讲座上听到一个漫画家的故事，激发了她绘画的梦想。只不过，荒芜了这么多年，该从哪里拾起？

小艺觉得漫画是个不错的进入方式。但是，她所有的同学都觉得这是天方夜谭，因为一个毫无功底的人，怎么可能在二十几岁了还会成为画家？

但小艺不服输，她买来了许多漫画书，还订阅了许多漫画杂志。她在草稿纸上画，在画板上涂，在电脑里天马行空，她想到什么就画什么，画得跟别人不一样。

她把样稿发给漫画杂志，也总是石沉大海。只有一个美术编辑回过信，说她的画毫无章法，不协调，看起来不舒服。

小艺并不气馁，她将漫画上载到微博上，微信里，没想到却引起巨大反响。很多人跟帖，留言，说从来没看过这种风格的漫画，有点诡异，但很真实，又好笑，他们被画深深地吸引了。

就这样，小艺在社交网络上红了。然后媒体报道，那些漫画杂志、出版社都来约稿，她在半年之内，席卷了漫画圈。

原先说她不可能的同学纷纷表示，这是一个奇迹。

其实，对小艺来说，这并非奇迹，而是一个坚持和发现。因为你属于那1%，如果不坚持，你就被湮没了，再没机会出头。

而你属于那1%，是因为你性格与众不同，你的思维、想法、习惯以及你的审美都和别人不同，你别致地创造了只属于你的风格，这就是1%的你。

只是，这1%太容易被忽略。

我一个朋友说，这世界上只有1%的人能实现梦想，大部分都将在庸碌中度过漫长而又无趣的一生。

但这个实现了漫画家梦想的小艺则说："我经历过很多个看起来只有百分之一概率实现的事情，但是我都实现了。有时候，实现梦想最需要的就是你跨出的第一步，没有实现梦想的，往往是不愿意为之付出的。"

这话说得很对。

也许你还在为生活奔波，也许你还在为理想没有实现而难过，也许你还在为没有成功郁郁寡欢，也许你已经放弃了梦想日渐变得麻木不仁，但我想告诉你的是，你没有成功，并不是因为你天分不够，而是你努力不够。

只有勇于挑战自己，迈出那从0到1的一步，你才可能变成那1%！

第三章　你的爱情什么样

爱情的味蕾选择

人与人的关系是可以撇清的，但美味，却总是猝不及防地冒出来，让人惊诧。

说一句很文艺的话，"飘雪的日子，圣诞霓虹闪烁，街角那个熟悉的咖啡馆里，是否还留着你在春天写下的只言片语？"

爱情总与咖啡馆有着千丝万缕的联系，不是咖啡馆，是咖啡香。多年前，就有首歌曲，"芳香的咖啡飘满小屋，对你的情感依然如故，不知道何时再续前缘，让我把思念向你倾诉……"

倾诉的，一定不是对咖啡馆的回忆，而是对咖啡，对喝咖啡的人的回忆，这就是美味的回忆。

美味总与爱情缠夹不清。

和一个朋友去上海出差,看到鸡煲店她就情意绵绵,说以前和前男友就经常吃鸡煲。如今,她早已在深圳安家立业,前男友早已是过去式,但当她看到鸡煲店,她还是会回想起那时的岁月。

但是,我们行程太赶了,中午到达,明日下午就得赶回去,除了主办单位的宴请,根本就没时间去品尝鸡煲。朋友念念不忘,临走还遗憾深深。

是的,那记忆太过深刻。她说,对他已经无任何想法,只是,那时的记忆还在啊,看到鸡煲店,自然会想到他。

我也有吃鸡煲的岁月。当年,工资少得可怜,专栏还没写成气候,除去花销还要给家里,于是,请客吃饭的钱就比较拮据了。

最主要的是,我当时住的地方,没什么好吃的,就一个重庆鸡公煲,美味又实惠。

58元一个鸡煲套餐,送两盘青菜,一大碗米饭。如果再特价一点,就38元一个套餐,再加两个菜,也足够让人吃饱了。

我那时居然会喝啤酒。一壶淡茶,三瓶啤酒,就打发了一个晚上。那是寂寞的时光,但那也是快活的时光。

多年后,我不再吃鸡煲。因为身边的人说,鸡煲放了太多味精,汤熬久了喝了容易痛风,而且夫人也觉得鸡煲形象不够好。

也不光因为夫人的意见,而是现在再没有合适的人与我一起吃鸡煲。一忘就是三四年,似乎自己从没吃过鸡煲似的。

不过,那个想吃鸡煲的朋友絮语,倒也勾起了我的鸡煲记忆。原来,我也有吃鸡煲的光阴。

吃鸡煲的人,忘得差不多了,因为,终究不是最爱。如果是,怎么也不会忘记吧?

那些吃鸡煲的朋友，有的是初次见面，有的是相处阶段，然后，慢慢地，我们的味蕾就会为我们做出选择：哪些人可以再见，哪些人从此不见，哪些是适合我们的，哪些该立即中断。

人与人的关系是可以撇清的，但美味，却总是猝不及防地冒出来，让人惊诧。

而那些能长久吃到一起的人，往往也能走到一起，这便是味蕾的选择！

当你热爱，却又失去

当你不为被否定而难过，依旧继续奋发时，其实你已经达到了另一个至高的境界——爱的自由！

乔布斯有篇演讲，论述爱与失去。

三十岁的时候，乔布斯被自己创立的公司给赶了出去。多年后他还被毕业生发问：你怎么可能被你自己创立的公司炒了鱿鱼呢？但事情就是发生了。

苹果快速发展的时候，乔布斯雇用了一个很好的合作伙伴，公司成长很快。后来，他们发生了分歧，而股东们都站到了对方那一边。

这就是当时的窘境。

我想没有人比乔布斯更愤怒，更不平衡了吧？还有什么比乔布斯当年更让人郁闷的事吗？

在最初的几个月里，乔布斯也非常沉沦，他迷茫，不知道接下去该干什么。但渐渐地，他发现，他还热爱着这份事业，恋栈着这些他从前创办的一切。

他认识到，自己将创业激情给弄丢了，让和自己一起创业的人都感到很沮丧，出现这个情况，自己是需要反思的。

当然，更重要的是，乔布斯惊奇地发觉，即使被驱逐了，他依然热爱着那一切，他决定抛开负担，放弃愤怒与抱怨，从头再来。

后来发生的一切，你当然都知道了。所以，没有什么挫折能让你永远站不起来。

不光创业，所有事情都是这样。

你被一个人放弃了，但是，你发现你还依然喜欢他，怎么办？可能大部分人也就此放弃了，"是你先放弃了我，所以我也放弃了你。"逆来顺受，是被动接受不情愿的命运，不甘心也没办法。

如果你积极一点，你可以发奋，将他重新争取。遗憾的是，大部分人都没有这份勇敢与决心。

我们都太容易放弃。

当别人否定我们时，我们就认可他的否定，还自我安慰：我不适合他，只能这样了。其实你可以继续努力争取的哦。

腾讯公司的一个朋友给我说了一件事：一家深圳传统媒体代理公司的老大主动找到他，要代理深圳地区的房地产广告。

但是，他和对方聊了一下后，发现对方根本就不懂互联网广告，否决了合作。

不曾想，那个老板回去突击学习了两个月，再来找他，情况完全就不一样了，这次成功签约。只是，第一年，公司是亏钱的，第二年才开始赢利，而现在，已经是惊人的利润了。

当那家媒体公司的老大涉足房产网络代理的时候，他的报纸房产代理费一年都上亿来算，但他就是要染指互联网，即使被拒，即使压力大，他也不放弃。

这就是热爱的力量。

在爱情里，也会有许多这样的事，当你喜欢一个人，他却放弃了你。此时，如果你继续完善自我，完全是可以将他赢回来的，因为他并非没有看上过你。

他之所以中途逃跑，主要是可能你开始变得让他无法忍受了，如果你能修正缺点，继续完善，他当然有可能会重新喜欢你。即使他不喜欢你，你也得到了提高。

这就是爱的力量。所以，永远不必为那些挫折和被否定的爱而难过。

乔布斯说："我当时没有觉察，但事后证明，从苹果公司被炒是我这辈子发生的最棒的事情。因为，作为一个成功者的极乐感觉被作为一个创业者的轻松感觉所重新代替：对任何事情都不那么特别看重。这让我觉得如此自由，进入了我生命中最有创造力的一个阶段。"

我想你也一样，如果你被拒，你也可以放得下，放得开。

当你不为被否定而难过，依旧继续奋发时，其实你已经达到了另一个至高的境界——爱的自由！

你完全可以成为另一个你

在这个世界上,没有什么是做不到的,只有不想变的。

你有否想过,有一天,你可以成为另一个你?这并非不可能。先让我们看一些案例吧。

三毛年少的时候是那么敏感忧郁,与人交往沟通都有心理障碍,但多年后,她完全变成了另一个人:虽然还依旧敏感,但她开始敞开心扉,与这个世界沟通,成为许多人的心灵导师。

虽然她最后自杀了,但起码,她给世人留下了一个精彩的剪影。

例子有很多。所谓性格决定命运,但性格真的可以改。就算不能改变性格,其实也可以改变风格,做另一个你。

打个比方,所谓久病成医,很多原先身体不好的人,最后都成了医生,不仅自己的身体棒了,还帮别人解决病痛。

就像我认识的许多健美健身教练,原先都是自己体弱、瘦削,但现在全都是金牌教练。正因为原先太弱,所以非要增强自己,最后就成了自己向往的那种人,与最初的自己完全相反。

养生节目里,出来介绍养生智慧的,无论是大学教授还是民间的养生达人。他们说以前都不注重养生,所以大病一场,之后便开始关注养生，久而久之，就变成了养生达人。

还有一个癌症患者，在与癌症的对抗过程中，总结了许多食疗的方法。现在，他身体倍儿棒。

久病成医也特别适合情感研究者。

好几个女作家都说，她们是恋爱多了，被伤多了，最后就成了情感专家。没有别的，经历得多自然就总结了一些经验，任督二脉被打通了，忽然就明白了，原来爱情是这么回事啊！

所以，爱情专家大都过着与原来不一样的生活，原先也许总是失恋，现在却被无数人追；原先也许生无可恋，现在却觉得越活越有滋味。性格改变，状态改变，成了一个崭新的自我，让人羡慕，多好。

我们的人生何尝不是这样？

小时候我是个丑小鸭，悲观，消极，自卑，郁郁寡欢，形影相吊。那时候，我朋友很少。

但是长大后，我到了更广阔的世界，广交四海宾朋。从此，朋友遍天下，因为我的心打开了，所以我的世界就敞亮了。

从前，我总喜欢向好朋友倾诉情感，似乎不倾诉就会憋得要死，耐不住寂寞。而现在，我再没任何一点心思要向朋友倾诉的了，因为我都能自我消化，自我调解。

这种调解可能是写作，也可能是美食，也可能是自我心灵的调适，总之我是升华了我的寂寞。

现在我还是很多人的情感倾诉对象，无论是熟人还是陌生的读者，我都可以帮他们化解。

从一个倾诉者到一个倾听者，我用了差不多十年，相信你也可以做到。

所以，这个世界上，没有什么是做不到的，只有不想变的。只要信心坚定，你完全可以成为那个让自己羡慕、喜欢、认可、欣赏、赞同、开心的你，成为一个完全不同的你。

"贱人"是怎样炼成的

> 无谓的纠缠，无聊的结局。如果那样，就只能培养出一个"贱人"，而不是找到一个真爱。

一个女孩子说，有个男人对她没感觉，但还是和她来往。

他们的交往磕磕绊绊，不是吵翻就是赌气，像小孩子一样，没有感觉。比如，她打电话他关机，她要去看他，他说忙，不用。

她也说不上来对他的感觉，唯一的表现是，她平时能说会道的，但见了他，就变成了笨鸭子，什么都不会说，说什么都错。

她问我这样的感情是否需要继续。

这让我想起曾经有个女孩子，有很多追求者，可是，她都不为所动。因为她心里有自己的理想男人，有自己的坚守。

那个人不在她的城市，不在她的身边，她也寂寞。但是，她不想为恋爱而恋爱。

当那些追求者杀过来的时候，她没有被晃瞎双眼，没有被表面的浪漫折服。有人送花，她当场拒绝。如若送到门口，她会从楼上扔下去。所有的室友都觉得她不可理喻。可是她的理念是，如果你不喜欢一个人，为什么要接受他的殷勤！

"如果你不喜欢一个人，为什么要接受他的爱？"这是我最喜欢问读者的一个问题。

如果你不喜欢一个人，你的心便不会属于他，你想着其他人，想着更好的，即使你接受了他，那也不过是感动，是回馈，不是爱。

有朝一日，你遇到了更好的人，遇到了那个对的人，你的心很快就会飞过去。那么眼下你接受的这个人，便成了牺牲品。

所以，不爱一个人，就不要接受他。

当然，女人也是奇怪的一种生物：她总是能将各种感情转化为爱情，比如感动，追求的力度，物质的丰富，金钱的安慰，周围人的评价。所以女人的爱情观与男人不同。

女人可以将各种错综复杂的感情统统解释为爱情，然后心安理得地接受一个人。这就是女人的奇特之处。

许多女人最后都找了个老实人嫁了，原因就是——女人中流行一句话，如果在"你爱他而他不爱你"和"你不爱他而他爱你"这两种情况下选一个人，大多数女人会告诉你，她要选择那个爱她的，这样她就可以享受他的好。

可是，男人是另一种更奇怪的生物：如果他不喜欢你，不管你怎么积极，他都不会理你。男人的爱情，不会因为感动而发生。

男人天生属于这样一个物种：追求自己喜欢的，挑战，冒险，快活，激动人心，历尽艰辛，万死不辞。这是男人的使命。

如果不这样，他会觉得一切都来得太容易了，只有付出一切所得到的成功他才会珍惜,只有那样他才会有愉悦,因为那证明了他是一个男人。男人对主动投怀送抱的女人,基本没什么好感。

回到这个女孩的问题。

很明显,她对他是有点感觉的,就如她说的,平时能言会道,见了他就傻了。

这正是恋爱的一个小症状。一旦遇到一个对的人,就立即低到尘埃里去了,原有的自信、快乐立即烟消云散,整个人死翘翘。

另一个表现是,他们相处得并不好。这可能是她没找到自己的位置,还有一个就是他对她的态度。

没有恰当的位置,便会心神不宁,没有安全感,发火碰撞都是在所难免的。

当然,最主要的是,他并不爱她。

如果他爱她,早把她拿下。如果他爱她,便不会说对她没感觉这样的伤人话,只有女人才会赌气说,我讨厌你。

女人爱说反话,但男人不会,所以他说的对她没感觉是真实的。只是对这样一个对她没感觉的人,她为什么要三番五次地交往呢?

电话关机,去看他,不让。如果他对她有那么一点感觉,他都会说,那好吧,你来吧。哪怕为了她的身体,他也会做出如上反应,但他居然连她的身体都不想要。这样的感情显然没戏。

放弃是唯一的选择,而且要快刀斩乱麻,否则,你只会陷入恶性循环:无谓的纠缠,无聊的结局。如果那样,就只能培养出一个"贱人",而不是找到一个真爱。

浪漫"致"死

> 只要我一死,他就会后悔,就会可怜我,就会爱我,就会为我而悲伤。

俄罗斯电影里,我印象最深刻的就是《安娜·卡列尼娜》,我特别喜欢安娜这个人物,因为她是我心中理想女性的完美化身。

可惜,这样一个理想的女性,却因为爱情无法实现而卧轨自杀。爱情照耀过她平凡的生活,爱情也毁掉了她的生命。爱情,真是一个折磨人的东西。

如果再具体一点,我们可以说,安娜是为浪漫而死的。

安娜嫁给了卡列宁,一个国家官员,一个冷漠无情麻木乏味的老男人。但是,除此以外,社会地位、金钱财富,他都有,就是没有爱,没有浪漫,没有趣味。

但安娜是个浪漫的人,她渴望生活发生点浪漫,渴望和自己心爱的人在一起,如此乏味的男人,当然不能满足她的需求。

就在这时,她遇到了渥伦斯基,他炽热的追求让她仿佛看到了天光,那是她枯燥生活中的唯一救赎。于是,她的心就如十七岁的少女遇到王子,彻底地被渥伦斯基俘房。

其实,渥伦斯基也就是一个吊儿郎当的纨绔子弟,他被安娜的真情和美貌感染，陪着安娜上演了一出浪漫的戏码。

当他得手以后，他的激情不再，浪漫也消逝了。

渥伦斯基正如这世界上的许多男人一样，恋爱初期，尤其是碰到一个如此美丽的女子，浪漫风情，他的心被打动了，也会陪她一起浪漫一段时日。但是，这段时间不会太长，一旦成功，他便恢复到之前的状态。

还有个原因，就是当时他们的约会主要是私下进行，他们的恋爱算偷情，为世俗所不容。

这种挑战世俗礼教的模式给了年轻人无限的召唤，唤起了他内心抵抗世俗、反叛社会的力量，那个时候，他对安娜的爱也是真挚的。只是，这种堕落的快乐，一旦从非正常状态回复到平静，它的吸引力也就渐渐降低了。

障碍扫除之后的渥伦斯基，很快就恢复到他单身时的本性和生活，比如，赛马、宴游，等等。

此时的安娜却还幻想他像刚追自己时那样，是细心的、呵护的，时时刻刻陪在自己身边，显然是误解了男人。

拜伦说："男人的爱情与男人的生命是不同的东西，女人的爱情却是女人的整个生存。"安娜不了解男人——男人是得到就松懈的动物，无论多高贵的女子，一旦得到，在他心里都会从女王降到仆妇的地位。

而且，当时的社会有点变态，两人结合后，社交界依然接纳渥伦斯基，却不接纳安娜。这让两人不能同时参加活动，渥伦斯基放不下社交界，安娜则被困在家里。此时此刻，安娜怎能不难过失望呢？

安娜说："我需要爱情，可是没有爱情，因此一切全完了。"这是爱情至上主义者最悲哀的地方。

其实何必，如果世界上找不到爱情，那自己就爱自己算了。和自己相爱，永远胜过和男人相爱，因为男人很难给你提供一生一世的爱情。

安娜对浪漫的渴望在渥伦斯基身上实现不了，她有没有别的消遣，因此便产生了轻生的念头，临死她还想："只要我一死，他就会后悔，就会可怜我，就会爱我，就会为我而悲伤。"

拿死来让男人后悔，以为死能唤起对方的醒悟和爱，这也是浪漫主义者的幼稚想法，是爱情小说的荼毒。

你爱得要死的那个人

> 或许有一天，你会离他而去，当他如浮云，似粪土，他跪求你，你也不会再爱他的。

很多人都会遇到这样的情况：在两个人之间，一个爱你爱得要死，对你好得恨不得把心都挖出来给你，但你偏偏不喜欢他；一个对你一点都不好，基本上也没什么特别，但你偏偏爱他，你还爱得要死，没有他似乎就不能活了。

这样两个人，如果遇到，你会选谁？

很多人都会听从自己的本心,选择那个自己爱得要死要活的人。虽然有很多人说,我还有其他选择啊,找一个既爱我我也爱他的人。但那是年轻时二十岁才说的话,真正到了三十岁,你会发现,那个你爱他他也爱你的人,特别难找,甚至有没有都让人担心。

所以,很多人就在"爱我的"和"我爱的"之间做选择,更多人选择了"我爱的"。

你有没有发现,当初那个你爱死了的人,最后有一天竟一点都不爱了?而且,一旦你不爱,你的绝情比陈世美还冷酷,你会像张爱玲一样,不管对方再怎么贴你,你都不会再给他哪怕一个注目。

我就认识这样的朋友。

当初,他爱她爱得要死,无论她怎样甩都甩不掉,她打他,骂他,甚至羞辱他,他都不介意。他说,能被一个自己爱的女人折磨,是他愿意的事,是他的幸福。

她最后只好嫁给他,因为实在甩不掉他啊。结婚后,她当然也没在意他,有狐朋狗友,也有男男女女的聚会,甚至,和别人结伴做过长途旅行。

而他忙于工作,陪她的时间较少。但他依然是爱她的,像婚前那样,甚至当她真的犯了错,他也都原谅了她。

但是,从某一天起,他忽然不再关注她了,轮到她过来贴他了,轮到她低三下四了。他不再爱她,任她怎样讨好,任她怎样表白爱慕、忏悔,他始终不肯再注意她。她想,也许这是报应,"我欠他太多,现在要还他了,所以我要对他好。"

可是，他连她的好都不要，在她人老珠黄的时候，他忽然有了年轻的90后小女友。他忽然明白了，当初的自己是那么傻，凭什么要对一个女人那么死心塌地？凭什么要对她唯命是从？与其找一个女人马首是瞻，不如找一个女人来对自己俯首称臣；与其去迁就照顾一个女人，不如让一个女人来照顾关照自己。

如果一个人爱你爱得要死，请你一定不要忽略他，一定不要轻视小瞧羞辱他，那只是因为他爱你。

如果没这样做，没准哪天他想通了，他就不会再爱你了。那时候，你即使求他，他也不会理你的。

同样的，你爱得要死的那个人，你也不会永远一直爱他。

或许有一天，你会离他而去，当他如浮云，似粪土，他跪求你，你也不会再爱他的。

默然相爱，寂静欢喜

没有烟火的生活，那总是缺乏了一种温暖。

看了三遍《卧虎藏龙》，真是一部好片。

好多人说看不懂，还有人说是烂片，比如，剧情糟糕，没有故事，主题不鲜明以及周润发和杨紫琼的普通话配音，都成为吐槽对象。更有人觉得张震这个港台偶像明星演新疆的小伙子不合适，杨紫琼的声音难听，章子怡的表情狰狞……

凡是他们不喜欢的，都可以成为烂片的证据。

然而，经典就是经典，不是你说什么就是什么的。你看不懂，一定不是因为人家不够好，而是你智慧不够。

比如，这里面的爱情，李慕白和俞秀莲。

很多人一直问，李慕白和玉娇龙到底有没有爱情？或者李慕白到底是否爱过玉娇龙。这其实，是一个复杂的问题。

李慕白和俞秀莲这一对旧友，其实是有爱慕的，但是，李慕白一直要修炼真道，因此一直闭关。后来他下山，将青冥剑交给俞秀莲，他说的是，想告别江湖纷争，为了一些心事。

这心事就是他想做一个普通人，这是一种暗示。

但俞秀莲似乎没配合。当贝勒爷劝俞秀莲早日和李慕白挑明关系时，她还极力否认，并说她和李慕白都不是感性的人。

其实，李慕白已经决定告别天元修炼了，想回到人间。包括后来青冥剑被盗，李慕白赶来，俞秀莲以为他是为了剑而来，李慕白却说："我以为你记得我们的约定。"

这种感情，说白了就是，我心里有你，你心里也有我，但双方都不够果敢，以为对方都没表白，我干吗要按耐不住。

情欲的克制，理性的压抑，明明是恋人，却非要以朋友相处。守着道，守着自尊，寂寞相爱，默然煎熬，可见他们是旧礼教的牺牲品。

恰在这时，玉娇龙出现了。她过人的天赋，倔强的性格，不服输的勇气，无与伦比的朝气与青春，如一颗石子投进了寂静的湖心。于是，涟漪荡漾开来。

这是一种召唤，一道阳光，好比七十多岁的歌德会爱上十七八岁的少女，是一个洋溢的青春对一个理性之人的吸引。

越是不同，越是吸引，越招摇，越想征服。

于是，从那一刻开始，李慕白的心，开始有了点滴的悸动。

每一个人到中年的男人大概都会遇到这样一个少女，她以无比的活力，强烈地吸引着你的心。

但是，你要不要抛开一切去追寻她？

这是一个坚守的问题，对李慕白来说，和俞秀莲的感情好比是知己，人生的旅伴，而玉娇龙却代表了另一种可能，是萝莉和大叔的戏码。

因此，当最后李慕白向俞秀莲表白的时候，很多人才终于明白，原来他一直深爱的是俞秀莲，从没有对玉娇龙有过男女之情，也正因为这样的生死表白才见到了爱一个人的本心。

其实，认真看完前面的话，你就明白，他确实动过心，但不代表他不知道谁才是生命的真。

写到这儿，觉得有点遗憾。李慕白说他已经浪费了一生，真的是。明明是相爱的人，却从不说破，也不在一起，尽管灵魂相吸，但没有烟火的生活，那总是缺乏了一种温暖。

这一点，还是胡兰成老道，爱慕张爱玲就直接去找她，碰壁之后还会再来。回头还说："我爱慕你。"见了面还说："你这么高，这怎么可以？"

一方是小人，耍赖勾引，另一方才会心动，如果都是君子，那怎么都无法破局。诚如张爱玲，如果不是胡兰成这样无赖，她怎么能主动表白呢？

没有不好的婚姻，只有不会经营的伴侣

不要埋怨婚姻不好，是你不够聪慧，是你欠缺智慧，是你修炼不够。

李碧华写过一篇小短文《鲸鱼屋的愿望》，说是有部奥地利小说改编的电影，"鱼"乐无穷，女主角苏菲继承了一份奇怪的遗产——防腐处理的"鲸鱼屋"。

这鲸鱼屋有一种神秘的力量，便是任何人只要和苏菲在鱼腹里发生亲密行为，便可以实现一个愿望。

有一个男人希望他抛弃了的女人能够回头，他如愿了。

另一个男人看到灵验，便跑来找苏菲，结果将他的新娘子变成了一条狗。为了解咒，苏菲只得继续劝男人来行欢，并且许愿，能让变成狗的新娘子变回人。

李碧华就此评论，梦想大部分都是不能实现的，如果你想要一个人，很多时候你会得到一条狗。

我倒觉得这故事很具荒诞性，不过却在告诉我们，同一个事情，不同的人做，可能结果就不同。人家许愿将心爱的人找了回来，而你许愿却将新娘变成了狗，千差万别，原因在哪儿？

童话故事可能因为你心不诚，而真实世界，则可能因为你修

行不够。所以，我基本将这个故事看成婚姻的隐喻，因为婚姻就是这样的脆弱，它本来是好的，但有些人，将它弄得破碎不堪。

有的人在婚姻里获得了归宿感和成长，获得了安全和厮守，获得了温暖和美好。而有些人则将婚姻视作牢狱，痛苦不堪，焦虑难言，折磨得人不人鬼不鬼，最后，逃之夭夭。

为什么会有这样的差别？

我有个粉丝，她说当初恋爱的时候，男人对她特别好，就是结婚后也是甜蜜如斯，她去哪儿他跟着去哪儿，她来例假，他都会请假陪她，非常斯文，非常温暖的一个男子。可后来居然也会动手打她，撵她出去，折磨她，她并不明白这是为什么。

其实，不是婚姻改变了他，而是她让他变了。因为之前也曾用她的任性，强势，霸道，指着鼻子骂、动不动就说"离婚"等伤害过他。所以，一报还一报，他现在开始复仇。

另一些人，却将婚姻经营得如同一个人似的。

我有一个朋友，夫妻俩都将对方奉为至宝，都想把最好的给对方，将对方的父母当自己爸妈看待。她去哪儿他去哪儿，他创业她支持，他爱吃什么她做什么，她喜欢什么他买什么，他将所有的时间都给了她，她将所有的鼓舞都给了他。

他们脾气越来越像，性格越来越近，口味越来越趋同……

当然，他们也会有小争执，但很快就能达成一致，协同，协商，即使吵架也会很快和好。看到他们这样的人都觉得很幸福。

这就是会经营的夫妻。

事实上，走进婚姻的时候，你许过美好的愿，而婚姻也确实具有让人获得温暖与归宿的功能。只是有些人做得不好，最后变成了牢狱。

比如，有些人过于强势。婚姻是一种权利的平衡，我和你只有势均力敌，才会达到一个相互尊重，相互制衡，相互掣肘。

如果一方过于强悍，另一方软弱，那这一方必然瞧不上另一方，尊重就会丧失；而如果一方过于弱小，他（她）就会仰望另一方，仰人鼻息看人脸色，哪里还有自我？

再比如，有些人，拒绝成长。

两人在一起时，一定是学习能力差不多的，那个时候才会彼此看上，互不嫌弃。而当尘埃落定，有些人继续前行，攀登人生的高峰，赢得事业的收获，健康，性感也修炼得完美。

而有些人则一落千丈，从半山腰直接跌进谷底，一蹶不振，事业无成，身体变形，思想保守，毫不优雅。女的邋遢，男的无能，孱弱的中年，让对方怎么看都嫌弃。

那时候，你凭什么让人家始终如一？

婚姻是一种考验，也是一种大冒险。

就如那个鲸鱼屋的故事，谁都不知道许愿之后，那个愿望是否会实现，但心诚首先是第一位的。

与鲸鱼屋不同的是，婚姻还有许多自主权，你的初衷、方式、性格、言行、心态、信仰，所有一切好的行为都将带来好的结局。

而所有残忍、厮杀、猜忌、妥协、责难、出轨、处罚、背叛，都将走向另一个结局，地狱！

所以，不要埋怨婚姻不好，是你不够聪慧，是你欠缺智慧，是你修炼不够。归根结底，这世界没有不好的婚姻，只有不会经营的夫妻！

千万不要做让人讨厌的"前任"

放手前任，才能拥抱新欢！

台湾女作家陈雪写了一篇很有意思的文章，名叫《我终于不再是那个让人讨厌的前任了》。

这标题，够惊悚，够坦白，也够勇气。

文章中写，她以前不擅长交友，只喜欢谈恋爱。每次分手，她会将前男友们发展成好朋友，这些人，恋情消逝后会以朋友的身份存在她的生命里。

她甚至自得，因为有能力和前任成为朋友，每每她、现任以及前任和前任的现任，四人相见，各有新欢，还觉得蛮有荣耀——瞧，我多厉害，我可以让前任和我相谈甚欢，我可以让他们继续喜欢我。

但是某天，一个前任的现任直接告诉她，我不喜欢你的存在。她质疑，怀疑，嘲笑，觉得人家过于认真小气——我和他已经不可能了，你为什么还这么介意。

可是，人家就是介意，而且，介意得有理。

她终于醒悟，原来，这么多年，自己一直在做一个让人讨厌的前任。于是，她决定不再做一个让人讨厌的前任。

你呢？是否做过这样让人讨厌的前任？不少人在分手后依然和前任做朋友，嘘寒问暖，彼此来往。有的是真做了朋友，有的却假借着朋友的名义，行暧昧之实，这是不尊重对方的。

当对方有了新人，而你仍旧来来往往，势必影响对方的新恋情，这于对方是不负责的，对新人是不公平的。你提出的要求或请求，他哪怕不是全力以赴，但碍于情面也要仁至义尽。这样，他的时间、精力、心思都会分散，他陪新人的精力就会少很多。

其实，何必！

这方面，我觉得我做得比较好。我从不和前任联系。

记得当年和某个女友分手，她来找我拿东西，我给她送了过去。后来又约我喝茶，喝完茶去公园散步，只走了一小段我就感觉不对，借口走掉。

我是那种非常清醒的人，因为知道，这段感情结束了就是结束了，她不会再成为我的妻，我和她之间也仅只能这样。

不是我功利，而是我善良，我知道自己需要找到最爱的人，而她也要对将要找到的人负责。

所以，互不打扰，这是最好的处理方式。

还有个前任，去了另一个城市，有时候会在网上找我，我都心静如湖水。因为我知道，我此刻有爱人，而且我最爱那个人。

早已结束在数年前，我们只是曾经有过交集，现在再谈，从何说起？不如不说。有时候，她在我朋友圈留言，你现在成名人了啊，你还是那么自恋啊……

我看到，只一笑而过，绝不回复。

前任，就让他们彻底撇清，放手追求自己的爱情。而你，也可以大胆追求你的新幸福，这是两全其美的事，为什么不做？

不要再做让人讨厌的前任（你不知道他的现任有多"恨"你），放手前任，才能拥抱新欢！

如何活出女王范

她从不苟且，更不苟活，她让自己成为卓然的女王，很美很精致。

和一个朋友聊天，他对我的现状进行了深入的剖析，给出了很好的建议。比如，讲课，几千元一小时的课就不要讲了。

我说费用太高了市场接受不了，有价无市。他说，宁可闲着，也不要去。他说要帮我打造，全方位的，身心灵都统统改变。

昨天我在深圳顶级风格工作室配美·巴卡罗做过头发，衣服也是最新的意大利男装个人风格定制莱特兹，可是他说不行。

他还要换掉我的眼镜，这是太太送给我的保时捷，太太最喜欢，可是他说还不够潮："你这一身都要换掉，要戴个墨镜，手表要几万的，假使没有就不要戴，手机全是苹果6以上的。出门不要背包，全给助手拿着。一个助手还不够，要有四五个助手，都围着你，这样才有范，气势就把别人镇住了。谈话的时候不接电话，都是助手接，助手帮你判断——"

我想，助手哪里能判断得了呢，很多事情的高度，助手无法做到啊。

"谁请你去谈事都不要去，你不能轻易出门。"朋友是做策划的，随便一个案子都上百万。他头头是道，言之凿凿，我想想，还真的是这么回事。

回想了一下我自己，一直以来都缺乏一个好助手。有时候有几个经纪人，但都不给力，只好换掉，搞到最后，有些事情还是自己去做。

前段时间终于有了名正言顺的助手，但有些事情我还是不习惯交给她做。比如，给合作伙伴发文件，这个就可以交给助手，可是，我还会亲自发。

上课的PPT，助手做了，我觉得还需要美化，或者加几句话，又亲自去做了。

带助手的话，四五个人也带过，但会觉得太过夸张，把别人吓倒了。看来，我还是没习惯啊——你要有这个气势，这个架势，加上你的才华，你自然就有这个范，这个价值了。

这让我想到和我合作的女王很美很精致，我一直喜欢这个名字。女王一直希望我写一点女性励志文章，我想没有比打造女王更励志的吧？

可是，大部分女人都是普通出身，哪里有什么真女王。

不过想想，也不是非女王出身就不能成为女王的，很多女人都可以通过后天的修炼，达到女王的状态。

比如，对女人来说，做女王的第一步就是经济独立。

你见过哪个女王是靠别人供养的，或者靠男人吃饭的？每个女王都有自己的独门法则，都是赚钱的高手。

第二，女王都是自爱的。

你很少看到女王泡夜店、酒吧，因为那本来就不属于她。你也很少看到女王微信交友，因为那很低廉，没气度。如果私生活混乱，那样的女人不会成为女王。

第三，女王很少为爱情烦恼，或者说，女王不是没烦恼，而是能化解烦恼。

看过一个国外的传记片，写的就是一个女王。她年轻时也有恋爱选择的困境，可是，她的意志力很强，能战胜自己的软弱和虚荣心，她的理智会赋予她力量，她最后会很幸福。

而我们许多女孩子，面对爱情就智商为零。为男人要生要死，丢失自我，很没自尊，甚至萎落成泥，任人践踏。

这样的女孩子，怎么可能成为女王呢？

关键是，我们很多女孩子都指望着男人，心里想的都是怎样榨取男人的钱包，一副乞丐的面孔。有的对生活缺乏智慧，情商不高，自怨自艾，吝于付出，只想索取，好像别人欠了她几百万。甚至有的好吃懒做，只想靠男人给钱。

这些都让她们掉进地狱的深渊，痛苦不堪，踯躅难行。这样的女人，怎么可能有女王范？

女王范是这样的一种表现形式：她天生爱自己，有一种高贵的气质，超然的智慧，情商很高，优雅的灵魂。她精神高洁，永远站在人生的巅峰，她超越常人，有着非凡的气魄。她从不苟且，更不苟活，她让自己成为卓然的女王，很美很精致。

如果你出身平淡，也不要气馁，女王范也是可以后天修炼出来的。只要努力，只要认真，只要持续不断地学习，成长，即使不是公主身，也能修成女王范。

加油，女王们！

婚姻里最可怕的是什么

同步、同频非常重要，如果不同步，就可能被抛下。

婚姻里最怕的是什么？

很多女人会说，怕男人出轨，怕男人不负责任。男人会说，怕女人变成黄脸婆，变得没魅力。

其实，还有更怕的，那就是拒绝成长。

女人会觉得，嫁了我就是他的人了，从此高枕无忧。其实，你嫁给他，只证明那一刻你是属于他的，或者他是属于你的，在法律意义上，你们俩是彼此有关系。

但关系随时都会发生变化，这是人类的特性之一。就是动物界，也不是交配、一起生子后就永远在一起的，也有组建了家庭后离开的。

女人要明白，男人娶你回家的时候，他只是完成了一个阶段性任务，接下来他还有许多任务需要征服。比如，事业的新突破，人生的新丰收，而女性会成为他下一个目标。

不要觉得这是男人无耻，就是女人心里也会想，有没有更好的伴侣。

人往往喜新厌旧，吃着碗里看着锅里，只不过，要看你是否会遇到这个机会，是否有这个勇气，是否有这个实力。

有些人魅力全消失了，走到人群里也没人关注，哪有什么机会。有的人，却依然魅力四射，让许多人觊觎。

这么说是想告诉女人，婚姻里，最不能停的是成长，而且，还要逆成长。

因为只有学习才能让一个人永葆青春，即使年华老去，内心也依然保留一片青春；即使皱纹爬上你的脸，但不会爬上你的心。

当一个女人拥有无比的思想与智慧后，她会让男人觉得，她不可小觑。

男人也一样。为什么有的男人可以让太太一辈子仰慕，因为他总在成长。男人如果成长得好，他不仅能得到太太的敬重，也会受到其他女性的青睐，这一点是毫无疑问的。

我曾经有个学生，是理发行业的新锐。他刚来深圳的时候，谈了一个女朋友，比他成熟。那时他觉得自己青涩，需要一个姐姐带领自己，提升自己。有这想法还挺不错。

结婚之后，他除了继续进修美发行业，还修行了身心以及其他许多课程，思想进步飞快，而他老婆还在用过去那一套管他。他觉得不舒服，不对劲，很烦恼，但不知道问题出在了哪里。

我告诉他，问题就出在他成长了，而他老婆止步不前。止步不前的老婆还在用过去的方法对待他，而他早已不是那个他了。

他恍然大悟。

当你爬上高峰，而你的伴侣还在谷底徘徊，你是去谷底拉他（她），还是想找一个能和你一起站在峰顶的人？

你拉一次可以，两次可以，三次以后你就不耐烦了，厌倦了。然后你会想，我怎么能和这样的一个人一起欣赏山顶的风光呢？

有体谅心的人，会自己忍着，自我压抑。薄情一点的，就直接换人了。

所以，同步、同频非常重要。

如果不同步，就可能被抛下；如果不同频，就可能互相不懂。这是出轨的根本原因，也是婚姻里最可怕的地方！

今天，我们愿意为谁停下脚步

> 恋人的心只是我们疲惫时休憩的港湾，绝不是我们的坟墓。

写过一段微博："即使真爱也无法让我们停下脚步，这就是为什么那么多青梅竹马的爱情分手的原因。一个人停留了，而另一个人继续向前，差距于是产生。我们无论何时都不该停下前进的脚步，恋人的心只是我们疲惫时休憩的港湾，绝不是我们的坟墓。"

为什么这么说呢？回顾我们的青春——小时候，我们写文章总是说:"我要寻找一处温馨的港湾,然后好让自己的心停泊!"

还有人说:"我要找到一个爱人,永久地停留在他的身边!""家是一个港湾,而我们是小小的邮票,停留在爱人的港湾……"太多的句子,都在说港湾,说停留。

但是,我们为谁停留过呢?

我们以为我们会为那个初中女生停留,因为她当年的蝴蝶结真的是太漂亮了;

我们以为我们会为同桌的她停留,因为那个年代,长发飘飘的女生最闪亮耀眼,何况她还对我情有独钟。可是,不久,我们也就在人海里错过了;

等到我们上了大学,参加了工作,我们发现,认识的人越来越多,有缘相识交往的人也越多,但是,我们为谁停留过呢?

每一段恋情,你都以为那是你最后一段——除非你是花心狂,从最开始就没打算好到最后——但总有这样那样的原因,让我们中途分手,原本期望的一生一世,远敌不过时间的摧残。

草草分手,然后又匆忙地奔赴下一段感情。我们,到底为谁停留过?

有人反驳:"如果我们遇到真爱,我们就会为爱人停留了!"其实不对。

在这样一个浮躁的年代,停留需要莫大的勇气,没有人敢为谁停留。如果你为爱停留,爱人变心了怎么办?感情淡了怎么办?小三插足了怎么办?他要分开了怎么办?

这么多的问题压在心头,谁还敢为爱人停留?

我们以为有了爱人,就是最后的归宿,但是,爱人的心并非我们的避难所,也不是我们的逃生洞。爱人,他时刻在变化,爱人的心也动荡不安,他自己都无法停留,还怎么能让你停留?

没有谁能真正让你停留,即使爱人也不能。

你必须时刻前进,勇敢地朝前走,这样你才能给自己安全感。因为,爱人的心只是停泊的港湾,暴风雨之后,你依然要继续航程!

唯一陷阱与二难效应

如果你陷入了唯一的陷阱或被沉锚效应禁锢,你当立即跳开那个环境,这样你才能找到新思路。

电视剧《咱们结婚吧》里,杨桃遇到了高画家。他擅长欺骗女孩子,所以,他说,咱们结婚吧。用一幅画就将她的心击碎了。

她沉迷,陶醉,不舍,着了魔一样。尽管他身无分文,尽管他落魄潦倒,她就是觉得他好。

这就是一种思维的禁锢。

在杨桃看来,这么多年,只有这一个男人对她说过"咱们结婚吧",只有他这么真诚。她不知道,那只是他的信口开河,甜言蜜语。

当时当刻,他拿什么跟她结婚?

这种禁锢只是因为她的底线坍塌了，心理崩溃了。她怕错过这个要和她结婚的人，以后再也遇不到了。

　　回想一下，你是不是也遇到过这样的时刻？觉得那个人非常完美，或者说非常适合你，要是你错过了，就可能再遇不到那样的人了。你伤心，难过，纠缠，哪怕他要抛开你，你也不松手。

　　这种痴迷，何尝不是一种愚钝。

　　时过境迁，你发现，没有他，你也活得好好的。当你遇到了新的人，你发现，他不再是你的唯一，新人早已替代了他。

　　恭喜你，你终于走出了唯一和最好这个陷阱。

　　除了唯一这个陷阱，爱情里还有一个二难效应——你喜欢A，可是，他不够爱你；你不喜欢B，他却对你非常好。

　　此时，你会选择谁？

　　很多人被这个难题卡住了。选择A，自己会很委屈，因为他不爱自己。选择B，对不住人，因为自己不爱对方。

　　烦恼，纠结，痛苦。

　　为什么我们不能撇开A和B，选择更多的CDE……呢？

　　这种二难效应，也可以称为爱情中的沉锚效应。就是人会把自己的思维，禁锢在特定的环境里无法跳脱，产生非要在那个环境里选择或生存的想法。

　　这实在是一种假象。

　　以这种沉锚效应为例，为什么我们不能跳开那个特定的环境呢？人挪活，换个环境，所有一切都变了，地点，人事，时空，当周遭的环境发生变化，人的思维也会立即发生转变。

　　这时，再看那个过去的环境，觉得多小啊，多狭隘啊。

婚姻也是如此。

有个美女朋友离婚了,开始还觉得蛮遗憾的。不过,后来她到深圳,事业发展得不错,身边追求者也多了起来。她才发现,原来有魅力的男人这么多,原来,她也可以同时喜欢很多人——"失去一棵树,获得一片森林!"她如此调侃。

但谁能说,这不是她的真心想法和肺腑之言?

当环境改变,我们的思维也会随着改变。

所以,如果你陷入了唯一的陷阱或被沉锚效应禁锢,你应当立即跳开那个环境,这样你才能找到新思路。

喜欢离爱有多远

喜欢与爱,隔了十万八千里的距离。

喜欢和爱有什么区别?

喜欢可以是爱的基础。我喜欢你,才能爱你。我喜欢你,却并非就是我爱你。就如你少年时候喜欢的那个人,你喜欢她的风格,她的面容,她的活泼,她的气质。

这些,都是表面的,是没有经过痛苦煎熬和苦难锤炼的。

这种喜欢,就是在好感的基础上加进了一些私人感情,比友谊长,比爱情短,就是这种状况。

喜欢如甜蜜素，只要加进来，只要够甜就可以。

好比一个孩子说，我喜欢喜羊羊，我喜欢奥利奥。这种喜欢，是可以针对任何人的，条件一换，内容一改，随时可以替换。

喜欢是可以始终游离在外的，像《西西里的美丽传说》里的男主角，喜欢一个人，或许仅仅因为她的美丽，她的风韵，喜欢她的样子，但从没走进她的生活，不管多深刻，却始终只是心理活动——在那个时刻，有那么一个人，让你投入进去，让你有所寄托。

你发现没有，你年少的恋爱，大多都只是停留在喜欢的程度上。喜欢她那种范，喜欢她的与众不同，喜欢她美好的样子。但其实，对她压根就不了解，也没有深入交流，就单纯地觉得她好。

要真的千回百转后，你或许觉得，她并不值得你喜欢。要真的交往之后，你或许没有那么爱。正因为不够深入，你才对朦胧和虚幻喜欢得一塌糊涂。

"我喜欢林志玲，喜欢沈星……"一个哥们年少时把安徽电视台一位女主持当梦中情人，长大后喜欢一些女明星，但是，你能说那是爱吗？

喜欢就是成千上万个粉丝对偶像的感情，是隔着距离的，可以永远安全。但爱，却是，你必须走进对方的生活，深刻地相互影响，并让对方与你留下不可磨灭的印记。

喜欢一个人，我可以一直轻松，洒脱。我喜欢你，但是，你不喜欢我，没问题，我换一个人喜欢就是。

爱，如果那个人不爱你，你便会遭受巨大的打击，深深地堕落，彻底地伤心，那是因为，你寄托的感情更深。

喜欢，可以不必有责任。

莫言的小说《白狗秋千架》里，暖问"我"，如果那时候我去找你，你会要我吗？"我"说要。其实是骗人的。如果要，现在就会要。

所以，喜欢就是，你好看的时候我喜欢你，你破相了，我就不要你了。爱则是，哪怕你破相了残疾了，我也会陪伴在你身边。不是因为责任，而是因为我愿意。

喜欢，可以不付出。但爱，一定会有付出。

喜欢与爱，隔了十万八千里的距离。所以，下次，如果你为一个人烦恼，你一定要思忖清楚，你对他到底是喜欢，还是爱。

心中的那位

不要再纠结你心中的那一位，因为时光早已改变一切，他已不是过去的那个他了。

有个很老的电视剧《过把瘾》。第二集中，方言和杜梅结婚后，躺在床上，杜梅问方言："我是不是你心中的那位，就是你从小就梦想娶的那位。"方言说："你就是我心中的那位。"

杜梅问："那石静呢？"方言说："她不是死了吗？"杜梅问："如果没死呢？"方言说："她也是别人的女朋友，她不喜欢我。"

"可她如果喜欢你呢？"杜梅不依不饶，方言终于无言以对。

杜梅说:"这下问住了吧。"

方言随后说:"可那会儿我还不认识你,认识你之后,甭管死的活的,统统都被你比下去。"

杜梅这才算满意,可她随后又问:"你说我们这算爱情吗?"

方言说:"应该算吧,我想算吧。"杜梅回答:"反正我是把你当一生的爱人,你要是对不起我,我就像石静那样……"

方言赶紧让她把话停住了。

你一定熟悉这样的场景。在某个安静的夜晚,或者悠闲的黎明,或者你们吵架和好后的时刻,或者在你们欢爱之后的刹那,她问你,我是你的最爱吗?是你从小就想娶的那个人吗?

你不管是不是,不管情不情愿,都要回答:是。

但是,她究竟是不是呢?

你也许有幸娶到了你最想娶的那个人,也许只是在该结婚的年龄,遇到一个还不错的人,然后结婚。

那个人,和你的梦想真的不像,甚至完全相反。

此时,说她是你一生的最爱,梦想的伴侣,心中的那一位,真不诚实。

但是,你除此还能怎么说?

扪心自问,当你半夜睡不着,或者黎明醒来,看着身边那个人,觉得他有点陌生,看着他的眼屎,听着他的呼噜,想想你其实也没那么爱他。

而你的最爱在哪里?他此刻在什么地方,和什么人睡在一起?为什么你错过了他,你此刻还想他吗?

当你这么想的时候,一股悲凉不禁从你心中蹿起,有魄力的人还可能会离家出走，寻找那个当年的最爱。

可是，最爱又怎样呢？

当你以为别人还是你最爱的时候，别人也许已经把你忘了，就算没忘，也淡漠淡薄了。如果你还深情款款，别人只会说，你没必要这样，何苦呢，何至于？

就如胡兰成，老在文章里说他和张爱玲是金童玉女，今生今世，岁月静好，现世安稳。但张爱玲早不稀罕那一套，她甚至有点讨厌他的语调，笔法，讨厌他还惦念着她，并称他是个"缠夹"的人。这是多么讽刺。

如果你深念着心中的那一个，千里迢迢地去找他，结果人家却错愕地说："有必要吗？"想来那一刻，你只有钻地洞了。

所以，不要再纠结你心中的那一位，因为时光早已改变一切，他已不是过去的那个他了。

这年头，女人不结婚

虽然婚姻是爱情的坟墓，但葬身坟墓总比暴尸街头好。

有个朋友，是绝对的不婚主义者。恋爱多年，眼看所有的同学、朋友都纷纷结婚生子了，只有他还依然不肯迈进婚姻殿堂。

他说，没有结婚的冲动。

为父母吗？他出生在都市，父母都很开明，似乎暂时没有这方面的压力。为人生完整吗？难道没有婚姻的人生就不完整了吗？这年头，女人都可以不要婚姻，何况一个一向自由惯了的中产阶级男。

不仅是他，他的女朋友也是个坚定的不婚主义者。他的女友在福州开着一家文化公司，平时给电视台做嘉宾主持，也给女性杂志写点时尚文字。

因为看过太多的爱情，因为各种原因而分崩离析，因为对男人看得太透，所以，她始终无法糊涂，无法大脑发昏，无法像许多女性一样，一冲动就把自己嫁了。

更何况，她还是个女权主义者。所以，这样的两个人，要想结婚，还真不容易。

但两个人对爱情倒是忠诚的，多年来，他们都始终是对方的唯一恋人。这一点，是他们彼此认可的一个重要原因。

但是，老这样拖着，一年两年还可以，拖个五年六年，七年八载的，估计别人都觉得他们没戏了。

可是，就当大家都觉得他们可能没戏了的时候，他们却忽然结婚了。

问起为什么结婚？他说，他生病的时候，感觉自己要死掉了，忽然觉得很脆弱，心想要是真出了问题，那估计都没人知道吧。

他女友之所以想结婚，也是因为生病。

同病房的其他女子，都有男人端茶倒水，她却要由母亲喂药送汤，而母亲本来身体就不好。如果结婚，有一个人在身边，是不是就不用让母亲这么辛苦了呢？

所以,你看,只要想结婚,理由总能找得到。哪怕这个理由是从自我的角度出发,但只要能走进婚姻殿堂,有什么不可以?

事实上,人在年轻的时候,总以为自己无所不能,以为自己可以解决一切麻烦。

比如,家里木凳上的一颗钉子都是自己钉的,这听起来似乎很伟大,其实,像钉钉子这么小的事,谁不能自己做呢?

还有人说,我生孩子都可以不靠男人。

是的,你完全可以借精生子。可是,当你的孩子长大,当他问,我的爸爸是谁,你到时要怎样跟他说呢?难不成要解释一大堆,你当时不想结婚,所以就用试管生了他?

为了不这么麻烦,你还是跟你的爱人正常生育吧。

很多不婚的人,最后都会义无返顾地结婚。

这期间,除了很多外在的因素,其实更多的还是因为自己想通了,终于明白:两个人,即使有千般不好,也总比一个人好。

有个朋友说,虽然婚姻是爱情的坟墓,但葬身坟墓总比暴尸街头好。这话有点偏激,未必就对,但用来送给那些不婚的人,却多少有些启发意义。

第四章　你幸福吗

爱是世界上最简单的事

爱不是用来说的,而是要真心实意去做的。

"真正的爱情是什么?或者说,您心目中真正的爱情是什么样的呢?"

每次讲座都有人这样问我。然后,我会告诉他们,当你衰老的时候,脆弱的时候,丑的时候,TA依然爱你,那就是真爱了。

因为,当你年轻貌美的时候,当你能给TA带来激情和快乐的时候,当你让TA觉得很享受的时候,TA爱你是正常的。

当你失去了这一切,带给TA的是麻烦,痛楚,TA还依然爱你,那就是真爱了。

还有一个,当你生病需要TA照顾的时候,TA依然有耐心,依然对你充满怜爱疼惜，这个时候，也是真爱了……

一起取乐，你和谁都可以，但一起面对不幸与烦恼，却只有真爱你的人才能做到。

说来也巧，前两天去深圳卫视录一档慈善节目：来自湖北的男子刘波被查出患尿毒症，他的女朋友陈小梅依然义无反顾地嫁给了他，三年来无怨无悔地照顾他，不离不弃。

几乎花光了所有的积蓄，生活谈不上任何享受可言，但她依然坚持着。她说："我没有其他的想法，只希望他早点好起来，只要他身体好了，其他都不怕。"

当主持人问她，为什么知道他患病后还和他结婚时，陈小梅回答："他以前对我也很好，现在我必须对他好。"

他们的故事深深地感动了我，让我觉得这就是对真爱最好的诠释。几乎不须多言，也没有任何大道理，困苦煎熬中，她就是那样对他好了，她就是那样做了。

我觉得这就是真爱的最好解答。

写到这儿，我忽然想起我收到的许多情感咨询，其中许多人是非常有钱的，但他们却非常痛苦。他们怕付出，不肯舍弃，他们权衡，比较，把什么都往自己手里抓，还斤斤计较。

他们的爱情有太多的算计，已经完全远离了人们真正的纯粹的感情。

这样的人，真应该向刘波/陈小梅学习。

下次，如果有人再问我爱是什么，真爱是什么这样的问题，我肯定不会再回答。爱不是用来说的，而是要真心实意去做的。

当你的恋人病了，你是不是能照顾TA？是不是不嫌弃？是不是无怨无悔？有时候，爱真的没有那么多算计，也没那么复杂，你真心地付出就好了。

绝杀爱情的狠话

> 他在说狠话的时候，虽然是侮辱了对方，却也侮辱了自己！

有一天，我帮一个兄弟介绍女朋友。

饭桌上，两人几乎没有任何交流，我以为他们有点拘束，饭后问他们对彼此的感受。没想到那个女生说，即使天下男人都死光了，我也不会跟他在一起。

这话够狠的。不过，幸亏那个男生没有听到，幸亏他们没爱过，要是爱过的人说出这样的话，那该有多伤心？

在微博上写下一段话：世界上最残忍的话，不是我不要你了，不是我们分手吧，不是我恨你，不是我们再也回不去，而是当你再遇到他的时候，他说："认识你是我最大的不幸，和你的那段日子是我今生最不光彩的事！"

你说你会多伤心。回不去也就回不去了，但如果有个人说后悔和你谈恋爱，有个人以曾和你相恋为耻，你该多难过。

就是这样一段话，引发了大家的热烈评论。许多人都有感而发,顺手写下自己曾经听过或说过的残忍话、狠话。

小米说:"你是哪位?"他是从前女友那听到的,当时非常惊讶。

龙晴则说他听到的狠话是:"癞蛤蟆想吃天鹅肉!"

阳阳说,他害怕"你是个好人……"好人他却不爱,你说不是奇怪的事吗?

女生赌气时喜欢说:"你凭什么管我?"凭什么呢?当然凭我是你男人。可你居然说我凭什么管你,那就是不把我当你男人了。想想,也够残忍的吧。

小魔女说,她对一个男人说过:"你没资格做我的男人。"结果那男人当场就暴跳如雷。

狠话大都不经过大脑,所以说出来特别难听。

裴说,他和前女友分手时,一句话,当时就让他想钻进地洞:"我跟你之间的最后一层关系,我希望是陌生人的陌生人!"

陌生人的陌生人,该是什么人?估计几百年都不希望再遇到吧?这话有着巨大的杀伤力,让人许多年后都还隐隐作痛。

当然,也有些话是故意说的,好让你快点松手。

蹉跎李说,她听到男人说过两次:"你爱我你就放过我!"当时她就觉得,"我有那么差吗?需要你求我才放过你?"

燕子说,她分手时,男人直接对她说:"你需要多少钱,说吧!"她当时觉得羞辱极了。

更气的是,她到现在也没找到比他更有钱的人,要不然也可以去反羞辱他一番。

狠话,是对感情的绝杀,是两个人关系破灭后对感情的彻底否定。但说话的人万万没有想到，他在说狠话的时候，虽然是侮辱了对方，却也侮辱了自己！

每一种爱都是冒险

选谁都是一种非完美结果，心里，都会有另一个人。

有个微博说——"《单身男女》大家看到的是删减版的结局，因为导演杜琪峰不想得罪吴彦祖的粉丝而影响票房。真正的结局是——程子欣在所有人离开后，对方启宏说：对不起，我不想骗你，其实我爱的是他，刚才太多人我不想你难堪。然后戴上古仔的戒指离去，在门口发现一直在等着她伤心的张申然，两人相拥而泣。"

我十分质疑这微博内容的真实性，不过，我和朋友观影时，她预测的结局就是这样的。

有许多人一直在争议，到底程子欣最后选择谁更合适呢？两个男人都挺好的，一个虽然花心，但也为她做出了努力；一个稍微木讷，但却十分执着。

而且，两个人都做出了很大努力，跑到苏州，想尽各种办法，动用各种资源，使出浑身解数，孤注一掷，只为抱得美人归。

对程子欣来说，选谁都是一种痛苦。因为一个是折磨、折腾，让她心肝寸断的豪放仔,一个是为她等了好几年一直痴心忠贞的靠谱男;一个可以给她带来快活、新鲜,一个可以给她带来安全感和信赖感,两个人要能融合到一块儿就好了。

但这个世界上,就是没有那么完美的男人,又风流又忠诚又风趣又诗情的男人基本就不存在,你只能选其一,究竟选谁,则是一种并非必然的抉择。

即使她选张申然,电影结局也是皆大欢喜;选择方启宏,另一部分人则在感叹,张申然其实也不错啊,他真的很努力,也很爱她啊!

电影没说程子欣选方启宏的理由,但却给出了不选张申然的原因:"我们这几年总在错过,为什么我们相爱却总是擦肩,也许就是我们的缘分没到吧。"

她无疑还是爱他的,但她怕这种不确定再次爆发,她怕他依然会让自己伤心。所以,她选择了另一个从没伤害过自己的男人,虽然她可能对他的爱少一点。

情爱生活里遇到这样的情形,仍会有许多女人选择张申然这种类型的。因为这种类型的男人确实能俘获女人的心,他让她们不能自控,让她们臣服于他的魅力,想不崩溃都不行。

电影里的程子欣,是更爱张申然的,她只是担心害怕他的花心才放弃了他——见面中途被洋妞勾走ONS的男人,她觉得太靠不住了。虽然他说,他已经改了,他就是那个火星人,但她还是没法完全抹去那种不信任感。

然而,程子欣和方启宏就一定是最完美的吗?她以后一定会幸福吗?当然未必。

对一个木讷的男人，生活有时候确实会缺乏阳光。

他教养良好，收入不错，他温文尔雅，什么都好，但就缺乏那种让女人心旌摇荡的气魄，缺乏让女人飞起来、叫出来的性格，女人和他结婚，可能会觉得平淡。

另一方面，如果和张申然在一起，他未来能始终只和一个人好吗？他能保证一辈子只和一个女人生活？

对一个看到美女就流鼻血的男人来说，下半身的驱动力太强大了，假如婚姻进入疲惫期，他是否还能抵挡住外界的诱惑？

所以，选谁都是一种非完美结果，心里，都会有另一个人。但是，你又不能全选。所以，选择就是一种冒险，而爱本身，也是一种冒险，你既然选了，就要勇敢承担这个险。

你不是他的最爱也没关系

爱情的美好在于你在最美丽的时候遇到谁，而婚姻的美好则是在于你年老的时候还和谁在一起。

一个女孩子跑过来问："实在搞不懂，他心里最爱的不是我，为什么还要跟我在一起？"

道理很简单，因为最爱没有得到啊，或者最爱已经失去了。他又不想一直单身，或者不谈恋爱，永远一个人，而你又不错，所以就是你了。

你知道，几乎每个男人到最后都会结婚，只不过是和谁而已。而他最后要结婚的那个，未必就是他的最爱，非常可能是最适合他的。所以，虽然他最爱的不是你，但他觉得最合适的是你，他要和你在一起，便很容易理解了。

这个女生依然很纠结，她问他："你是不是因为寂寞才和我在一起？"男人说不是，她不相信——打死男人他也不会说是啊，即使他真的是因为寂寞才和她在一起，他也不会承认。

所以，这样问毫无疑义。

这个女生纠结的不是他是不是因为寂寞才和她在一起，而是她不是他的最爱，这太让她受不了了——你知道，每个女生都希望自己是对方的最爱——虽然她的最爱未必是他。如果不是，便会觉得难过，甚至无法接受，甚至，最后，她可能不愿意嫁给他。

大可不必，爱情和婚姻真的不一样（年轻时，大家最看重的就是爱情，成熟后，大家会考虑，是否合适）。

如果说爱情就是让人付出所有，不计后果，头破血流，肝肠寸断，那么，婚姻就是要结束这些冲动、痴情、头脑发热、头破血流、崩溃、肝肠寸断。

许多人在年轻的时候都爱得热烈，为爱情为男人伤了一次又一次，哪怕失去力气和自我，哪怕再站不起来，下一次，碰到能让自己投入的，还会一头扎下去。这就是爱情的魔力。

婚姻就不一样了。人们渴望婚姻，就仿佛寻求一个避难所似的，想在婚姻里找到安全，找到庇护。婚姻，是一个人追求的归宿和宁静，是一个港湾，要是再冒险，许多人都折腾不起。

所以，那些年轻时为爱远走他乡，为爱私奔，为爱和家人撕破脸，甚至丢下工作的人，那些为爱自残的人，那些为爱疯狂燃烧的人，一旦到了某个年龄段，她们就会立即变了一个人似的，不再喜欢帅哥，不再寻求浪漫和刺激，也不再迷恋疯狂。她们仿佛摇身变作一个传统的良家妇女，只求现世安稳，相伴终生。

或许，这就是爱情与婚姻的本质不同。

爱情的美好在于你在最美丽的时候遇到谁，而婚姻的美好则是在于你年老的时候还和谁在一起。

这个仍然相伴的人，不一定是最爱的，只要合适就好。

所以，如果你现在不是他的最爱，也没关系，只要你们俩是合适的，只要你们彼此喜欢，相互爱慕，只要你们肯一起努力，你们一样可以白头偕老。

至于，他的那个最爱，那不是用来呵护陪伴的，她只是在他的记忆里，用来怀念的，甚至是用来哀悼祭奠的，你还嫉妒她吗？

给自己写一封情书

在爱情没有来临的时候，她还有细腻的心思等待；在爱情来临的时候，她还会思量，酝酿。

有个女孩子，不知道什么时候加的我QQ，总会时不时地发一些问题给我。

比如，家人给她介绍了一个土豪，她不喜欢，说："之前经人介绍认识一个土豪，只可惜他的人生路径是先穷后富。是暴发户，不是贵族。"

我觉得很有意思，她说话的语气，看得出她是个有想法的性情女子。但是我实在好忙，没怎么回她。

过几天，她又留言："你说潘金莲不会爱上武大郎吧？这不是人品问题，而是人性问题，无可厚非。"

"陈先生，左耳戴一个耳钉的男人是什么样的性格啊？"

"我被定义为文艺女青年！"

"有位作家说爱情就是在彼此的肉体中醒来，再在彼此的灵魂中死去。这真透彻又经典！不是我不食人间烟火，而是没有我想要的。"

有时候，我也会回几个字，都是很简单的，比如：你说呢？你觉得呢？嗯，你可以留言。

我遇到过另外一些女孩，她们想请教你问题，你很忙没回答，她会怪你。但这个女孩子不会，她仿佛和你是个老朋友，不祈求回答，也不暴躁。她似乎就是写给你看，写给她自己看。

最近，她又发了几句话给我，零零散散的，可以看出她的生活状态和情感经历。

恍惚中，我也能感觉到她的个性和气质了，比如："我的长相，就像上世纪80年代日剧中的小妇人。"

"有的女人徒有其表，只是个花瓶。有的女人能干能拼，但容貌会因此沧桑，这两种你更提倡哪个？"

她说弄不清楚，想知道我的慧见。

我写了一篇文章，里面提到了她的签名，她看后说："我的心性和想法跟你说的不谋而合，只是你的表达很真切。我希望有人会真心爱我的个性和内心，不是纯粹的外表。当然，我也并没有多漂亮的容貌。"

我又要写书了，没怎么回答。

她接着发过来几段文字，也都很有意思：

"其实女人总是期待爱情的，尤其在遇到心动之人的时候。她会期望对方爱自己，是真正的爱，不是滥情和花心。但却又担心会是这样的。"

"宋美龄也是我喜欢的，她很率真，很主见，也智慧，是个活出了自我的魅力女性。"

我感觉她是一个很棒的女孩，在爱情没有来临的时候，她还有细腻的心思等待；在爱情来临的时候，她还会思量，酝酿。

她不是急吼吼地，所以才会拒绝爆发。

她要的是一种情调，有自己的坚持，这样的女生很少见。

她发给我的那些话，就像一个女生的自言自语，像是一个人写给自己的一封情书。

在信里，她表达了自己对爱情的思考，透露了自己的爱情坚持，也能看出她动人的情思。

这是女孩给自己的最好情书。

气场不同，努力白费

谁说人际需要修炼？没有共同的气场，修炼就是浪费！

公司新来了一批人，你以为你们不会产生交集，事实上你们也确实没什么机会说话，没什么机会来往。

然而，早已有人捷足先登了。

后来，你想和他们搞好关系，却不知道从何做起，因为，当你意识到你需要和他们交往的时候，你已经和他们疏远了。而他们和某些人，却玩得非常好。

此时，你若再进去，总显得不协调。

不是你不好，只是他们的气氛太融洽了。

从最开始，他们就闻到了彼此的气息。他们是一类人，自然而然地相吸了。

你一开始没行动，那并不是你刻意所为，而是你的心已经下了判断，你觉得和他们不是一类人，你没有主动。

如果来一个和你气场相似的人，你看一眼就喜欢的人，你比谁都主动得快。

气场不同，就难说了。即使你行动，你们也未必对得上味。每个人都是动物，都在嗅着相同的味道，寻找同类，彼此抱团，一同对付和自己气场不同的人。

所以，永远不要懊悔，永远不要为和你气场不同的人而焦虑，你们原本就不是一个世界的人。上天让你们相遇到，只是迫于无奈；你们虽然近在咫尺，却仿若天涯，毫无默契。

大家都说人际需要修炼，没有共同的气场，修炼也是浪费。

想起一个朋友，她要找一个会所谈合作。

起初我并不知道她去过这个会所，于是某天我建议她，可以去和××会所的人谈谈啊，那老板挺有名，那个地方也优美。

"我和会所的汪总监谈过了，但我觉得那个人怪怪的。我和他谈时，他老看我，让我觉得不舒服……"

朋友最后说："我不喜欢和这样的人合作！"

这样爽快，这样明确，真是聪明的姑娘。

要是我，有可能会为了合作而勉强和他们谈，谈到最后，还可能不欢而散。张爱玲早说了，凡是勉强的事，到最后都是这样。

有时候，我们会为那些气场与自己不同的人而难过，觉得是自己做得不够好，没有讨得他们的欢心，没有和他们搞好关系。这实在没必要。

做人如此，谈爱又何尝不是？

与其为一些非同道中人纠结，还不如去找一些和你有共同气场的人。

和气场相似的人共事，与气场相同的人恋爱，这样的快乐才是真快乐，这样的快乐才是轻松愉快的！

我的完美婚宴

可以不夸张地说，我参加过很多婚宴，我的婚宴是最温馨甜蜜的。

看到蔡澜先生写的关于婚宴的文章，不禁想起自己的婚宴。

其实，我的婚宴完全是夫人歌妮一手操办的，从选择酒店到各种微小细节，都是她一人在安排，我只配合打副手。所以她比我辛苦多了。

婚宴选择在深圳一家非常老派的酒店，当年是蛇口最好的酒店。为什么会选择这家酒店呢？歌妮是深圳人，她妹妹住在蛇口，经常去这家餐厅吃饭，和里面的一个经理比较熟，就推荐了这家酒店。

其实，我当时想摆在香格里拉的，不想太奢侈，也奢侈不起，那些动辄几百万的豪华婚礼我们就不选择了。

五星级酒店里，我了解的也就香格里拉的自助餐好吃，加上与他们的公关人员熟悉，可以给最优惠的价格，但需要摆桌的数量。只是，我们可能不需要那么多桌。

办婚宴的时候，我父母都在安徽忙着秋收，兄弟姐妹也不方便过来，这边就我一个人。同事一概没请，就来了几个特别要好的朋友，剩下的都是歌妮这边的亲朋。

歌妮家的亲戚大都是本地人，也都熟悉蛇口，在这样一家酒店，显然是更符合他们的身份和习惯。

可以不夸张地说，我参加过很多婚宴，我的婚宴是最温馨甜蜜的。因为来的都是至亲好友，整个过程非常朴素而低调，亲切，自然，没有烦琐的环节，没有夸张地晒幸福晒恩爱。

菜是非常棒的。吃饭很早，客人不会等到肚子咕咕叫，这些都是让人愉快的元素。

在我很小的时候，我觉得婚宴是很庸俗的，尤其是在北方的文化背景下，新郎新娘被人开玩笑，打趣。

我觉得有点俗气，想我长大了应该不会这样结婚。但真到了那一天，也许就由不得自己。比如，我也会在婚礼上致辞，也会启开香槟酒，戴上戒指，亲吻，宣誓一生一世相爱。

当然，我们做得美好而自然，一点儿都没有俗气的感觉。

我从没想过我会做这一套，但后来看照片，还是蛮喜庆高雅的。

送走客人，我们终于可以歇息了。

不过，按广东风俗，当天是不可以回家的，于是，一个朋友帮我们安排了一家老牌酒店。

就这样，我们办了生命中非常美好的婚宴，内心还是颇骄傲自豪的。

结婚后我换了一份工作，从女性杂志辞职，去了一家财经杂志。那杂志社有个老人家，爱絮叨，我是不太喜欢，但有一天他偶然站到我后面，看到我婚宴照中的一张，居然说很贵气。

我觉得特别开心。因为背景是中式的老牌酒店,而我们的笑容和喜庆,是真的发自肺腑。

办完婚宴后的大半年,我们回安徽老家,父母又帮我们办了一次。因为时间比较紧,都是父母提前操办好。

父亲订了镇上的一个酒店,到了那天上午,亲戚朋友纷纷赶来,我们没有特别的仪式,简单接待一下。

吃饭的时候,分很多房间,父亲带着我和歌妮,去各个桌子上谢酒,说几句感谢话,饮一口酒,走向另一张桌子,时间不超过两分钟。

这是我喜欢的,要是在过去,老家的婚宴可复杂了,都是请厨师在自家开宴,往往要买很多东西和各种食材。

我记得我大哥和弟弟结婚前后忙碌了半个多月,光买吃的就几十种,要去集市很多次。还要下请柬,买红纸,喜布等。

不过如今农村也现代化了,一切事情都按新风尚,简洁。我们不需要拜堂,也不需要各种仪式,就如请客吃饭一样,这是我能接受的。

亲戚们吃完,说说话,就散了。往往是远亲先走,最后剩下一些至亲,再说一些难舍的话。

父母蛮高兴,我终于完成了他们的一个心愿,因为按我原先的意见,在家里是不想再办的了。不过,父母觉得应该有一个仪式,这样才算了有个交代,无论怎样,我要完成他们的心愿。

第二天,我们就踏上了回深圳的飞机,婚礼也终于画上了一个完美的句号。

亲爱的，亲爱的，永远

> 亲爱的，永远在一起，都不过是当时的誓言。

沧海桑田之后才了悟，原来恋人也是分不同种类的。

有人是初恋，至纯至性，至真至爱；有人半路杀出，干柴遇到烈火，电光火石；有的是临时伴侣，寂寞时代的恋爱，陪伴多一些；也有些是露水姻缘，欲望都市，激情男女，原本就带着情欲，燃烧了，把持不住，或者说，原本就没想把持。

这从许多酒吧艳遇或旅途猎艳的故事中可见一斑。

也有些人错误地选择在一起。原本以为是天赐姻缘，金童玉女，生活了一段时间才发现，没有一点适合的，即使不吵架，没有落日看晚霞的激情，因为你们原本就不在同一世界。

阴差阳错相遇，在某一刻释放了光亮，你以为那就是爱情，其实不过是绕不开的碰撞而已。

有些人，你很喜欢他，但没办法把喜欢变成爱。或者说，你是又喜欢又爱，人家却没法这样爱你，你不过是人家的累赘，或者骚扰者，让人嫌弃，让人厌倦。

有些人，明明很相爱，却没法在一起。没在一起的原因有很多，你爱他，他却结婚了，你只能做小三。或者你爱他，他没有钱，你无法和他在一起。

就如《了不起的盖茨比》里写的，你爱一个人，可是他当年没钱。你选择了一个世俗的男人，虽然他不能给你细腻温柔，但你不愿或者没有勇气舍弃他而去找那个最爱的。因为，对于女人来说，有时候物质的稳定，富庶的生活比一个至爱的恋人更重要。黛西就是那样的女人，声音里都充满金钱。

也有些人，你觉得他很棒，可就是无法与之产生感情。

他也不是不好，但是，相对于你最爱的那个人来说，他要么风流过头，要么不够靠谱。总之，他不是你的那杯茶，无所谓得到，也就无所谓失去。

更有人，是你如水的爱人，地久天长，山盟海誓，和他在一起，你会有一生一世的感觉，此生，再也不想牵其他人的手了。这样的人，是风雨与共的，风景都看透之后，还能陪你细水长流。

当然，也有纯粹的性伴侣。就是那种很惹火很耀眼的人，你无法不被他吸引，你又不能跟他结婚，只好享受鱼水之欢。在身体上留下记号，就仿佛已经和他恋爱过一样。

其实，寻欢和恋爱哪里一样呢，不过是自我安慰，自欺欺人。

对女人来说，内心里总会有某个人，某个得不到的，或者失去的人，属于过去。她总难忘记，永远珍藏在心里，不管她现在过得怎样，她的心里总是有一个人，那个人可以永远不出现，但也永远不会消失。

对男人来说，总有一个人是属于未来的。即使他内心已经有了一个最珍爱的女人，或者枕边有个甜蜜爱人，他也总觉得，还有另一个女人在等着他。或者，有朝一日，如果分手，他会和那个女人在一起。

他平时有诸多红颜知己,也有备胎,就是为了未来某天,净身出户后不至于孤单。

这是男人的野心,但又何尝不是男人的虚妄!

所以那些年说过的,"亲爱的,永远在一起",都不过是当时的誓言。当你放手而过,或者擦肩垂泪,亲爱的,永远不过是个神话,而记忆却是永远!

想带你去我的小时候

> 我想带你去我的小时候/真的/和你的纯净相比/那是我唯一拿得出手的东西。

不知道你是否有这样的感觉,谈恋爱的时候,特别喜欢向对方讲你小时候的趣事。

大概是因为隔着一段遥远的时光,回头看去,哪怕是曾经做的荒唐之事,听起来也会特别有趣。尤其是那个喜欢你的人在倾听,真是觉得无比向往。只可惜,他没能陪你度过那段时光。

恋人都喜欢问对方小时候的事。

一般是关系确定后,也许是某个悠闲的下午,也许是某个温柔的夜晚,对方忍不住地问你:"哎,给我说说你小时候的事吧!"于是,你兴致勃勃地讲起来。

知道了他的成长背景,知晓了他的来龙去脉,对他的了解也就更多了。不光想问他小时候的事,有时候,我们还想幻化成一只蝴蝶,穿越时光回到他的小时候,与他一起经历那些事。

而聪明的女生,更应该带男生去你的小时候。如果他愿意多了解你,他一定会愿意回到你的小时候;如果他了解了你的小时候,他一定会更加爱你。

豆瓣网上有一个"想带你去我的小时候"的小组,参与者非常多。发创词是这样说的:"我想带你去我的小时候/那里不远也不大/仅够两人容身/虽然我小得像马铃薯/但攒了很多的秘密/……我带你去吃榆钱捋槐花/翻过的红薯地里再捡些漏网之'鱼'/秋天的老鼠洞里总是储满玉米和小豆/我从来不惊动它们/嘘,妈妈不知道/这是我俩的秘密……我想带你去我的小时候/真的/和你的纯净相比/那是我唯一拿得出手的东西。"

小时候肯定是回不去了,不过,带他去你小时候生活过的地方,倒是能实现的浪漫行为。让他看看你小时候成长过的地方,让他感受、想象你的小时候,这该是多么浪漫的行为啊!

话说,一个人小时候的生活也影响着他的现在。

所以,去你小时候待过的地方,会让他更加了解你,看你看过的风景,吃你吃过的美食,看你爱过的爷爷奶奶、外公外婆。

这些人情世故,其实都是你的一部分,已经融化在你的血液里,成长为今天的你。

带他去你读书的学校,在你们的大学校园里,跟他讲述你当年的青春故事。他一定会带着十二分的好奇,并遗憾,为什么没有早早认识你。

带他去你生活过的地方，像个导游，告诉他这些地方曾经留下过你的足迹，当年这个地方是什么样，什么感觉，而今再带他一起故地重游，却是和最爱的人分享。

这种隐秘的穿越是多么吸引人啊！

如何失去一段婚姻

婚姻得来大都不容易，但失去却是轻而易举的事，因为你不作为。

电影《泰囧》里，徐峥老婆要和他离婚，过不下去了。可就是在此种情况下，他还坚持去泰国。

情况危急，按理说应该先解决家事，但他还是一意孤行，置老婆孩子于不顾。黄渤老婆在法国待产，他也是什么都不管，为了授权书，杀到泰国去了。

电影中有一个情节，王宝强让徐峥给老婆打电话，徐峥说不知道打电话说什么。

这个电话，打了，也许有转机，不打，可能就真的离婚了。

有时候，男人不知道怎么处理一段即将结束的关系，女人说分，他就等着分，无计可施，固然是因为面子、自尊，但也是因为逃避，缺乏勇气。

黄渤这个角色更搞笑。听闻老婆和同事有一腿，信以为真，对那个大着肚子身处异国的老婆发吼，不问清事实就如此态度，粗暴、轻率又愚蠢，要这样的男人干什么？

当然，这是电影。编剧可以给它一个完满——电影结束，徐峥的老婆说，孩子不肯跟她，而她离不开孩子，婚可以不必离。

黄渤也与妻子和好。如果是现实呢？人都任性，又误会连着误解，多半也就分开了。

现实中分开的例子太多了。很多年前，一个远房叔叔和老婆吵架，老婆回娘家他不肯去接，就这样真的离婚了。

其实，那是一个很不错的女人，经常来我们家串门，和我父母关系都不错。她和丈夫吵架，主要是因为她的小叔子。

而我叔叔信奉女人如衣服，兄弟如手足，他偏向自己的弟弟，委屈了女人，又不哄不劝，没有一点智慧不说，还意气用事。

女人生气之下就回了娘家，而他又不肯去接，结果女人以为他不在乎自己了，便主动提出离婚。叔叔也不在乎，就真的离了。

其实在农村，女人生气回娘家，只要男人肯去接，回来也就好了。但他赌气，而且大男子主义思想，觉得去接太没面子了。多年后，他两个弟兄都家庭幸福，夫妇甜蜜，只有他孤单一人。

想到这儿，他便后悔了。

很多男人都是这样，女人生气，他不会哄；女人说分手，他便真的分手；女人说离婚，他爽快地答应。

其实他是不想的，但是，"既然人家说了，我还能怎样呢？"他无法知道女人真实的想法，不知道女人说的是气话，头脑简单，然后关系就真的结束了。

这真是一种遗憾。男人不懂女人，面对问题不会转弯，就和女人爱慕虚荣一样，都是一种人性的弱点。尤其是面对女人的埋怨，男人选择逃避的策略，这只会让问题更复杂。

事实上，婚姻得来大都不容易，但失去却是轻而易举的事，因为你不作为。

老妻在哪里

这世界上并没有多少老妻，取而代之的是越来越多的前妻。

有个朋友，身边常跟随着一个女子，我以为那就是他的女友。

谁知道某天，一个熟人告诉我说，他老婆在老家呢，女儿都上大学了，这个女子是他的小三。

当年两人情动，在小城引起轰动，闹得太大，就辞去公职，带着小三来深圳了。不过，家里那边一直没有离婚。

这边，小三跟了他多年，一直陪伴他创业。老妻在家里，多年他对她不闻不问。

说这个朋友的故事，是因为忽然想到，男人们有那么多风流账，而他的老妻，人在哪里呢？

这种情况似乎特别多。有个女性杂志曾做过一个调查，说是很多深圳男人其实在老家都有妻子，但在外面依然宣称单身，让许多小姑娘上当受骗。

这也不是什么新鲜事儿，我认识的好几个中年男人都是这样的情况。其实，我不关心那些与他们玩耍的少女，我倒关心，那些留守的老妻。

她们被丈夫抛弃，一个人在老家独立生活，或者还要抚养儿女，多么不容易。按照老家的风俗，她们也不大可能再找人，何况她们还没离婚，人身不自由，再找个人更不大可能。

那么，为什么不离婚呢？她们如此苦苦守候，难道是期待有朝一日，丈夫能够回头吗？

这让我想起多年前我看过的一篇文章，题目是《回到老妻身边》。男人在外面花天酒地，妻子就丢在家里不管。而妻子又偏是老派女子，虽有怨言，但始终没有离婚，独自默默吞苦。

等到男人老了，实在玩不动了，才蹒跚地爬回家寻找老妻的安慰。老妻居然不嫌弃他，照样收留他，该怎样就怎样，全当没有发生过任何不快乐的事情一样。

这真是让我诧异。难道在那个老妻心中觉得，他终于回来了吗？难道这是她等来的最后成功吗？

这篇文章的作者是个中年男人，他大概是说，玩够了才回家应该是男人的方向，而他的老妻是多么值得称道。

所以男人不用怕，等你们玩累了，回家还依然有一个老妻。而女人，你们也不用担心，你们的男人在外面玩累了，混不下去了，自然会回来找你，最终还是你的。

只是，这时候的他，还是你的爱吗？那个作者似乎在告诫女性，不要难过，你出轨的男人终会回到你的身边，只不过是时间早晚的问题。这是典型的男性立场。

不过，在我看来，那个作者的算盘打错了，因为时代着实变了。

像那样任男人在外面拈花惹草，待老了回来还全盘接受的女人现在几乎绝种了，因为再没有女人愿意受这样的委屈，一旦男人出现出轨情况，她们多半会干脆利落地离婚。

所以，这世界上并没有多少老妻，取而代之的是越来越多的前妻。

老妻与前妻截然不同，前者还守着男人留给她的一点儿希望，哪怕是一点儿微弱的希望，都还在苦苦等待。而后者则完全不理会男人的嚣张与歪风邪气，一看到苗头不对，就立即让男人滚蛋，并且孜孜地寻找新的恋情，让自己的人生再次盛开。

这样的前妻，是比老妻更懂得爱护自己，宠爱自己的。

真希望世间从此不再有老妻。

谁爱"大丈夫"

喜欢老男人的女人不得不考虑的一点就是，在你盛年时，他要是先挂了，那你就要一个人孤独地面对世界了！

看了两集《大丈夫》，又看了一下评论，发现好多人不喜欢这部电视剧，觉得它太假。他们觉得，美女就应该喜欢年轻帅哥，哪有老纠缠着老教授不放的啊。

很多人觉得这编剧瞎编，有些牵强。更有人说看顾晓珺和教授在洗手间亲吻，感觉恶心。看来，老少配确实不大招人待见。

生活高于艺术，编剧既然捣饬出这作品来，也是现实的反映。生活中确实有只喜欢老男人的女孩子，她可以不顾一切，就如电视剧里的顾晓珺。这是为什么呢？

一般来说，崇拜知识分子的女孩子才会喜欢和老男人谈恋爱。我大学有个女同学，上高中就喜欢自己的语文老师，后来被师母发现，闹得沸沸扬扬。直到大一时，她才断掉。

大学期间，她喜欢上一个年龄相当的男生，淡淡的，也没成。毕业后鲜少联系。前段时间她找到我，说她要离婚了。原来，她毕业后和一个男人结婚了，那男人去上海读博士，不想许多年毕不了业，工作难找，后来还在上海出轨了。

得知情况后我问她，你当初看上这男的什么？她说觉得他崇尚知识，读博士，有追求。她没让他花一分钱，连婚床都是她买的。看重的结果就是，她被这博士给背叛了。

在很多年前，大学教授是很吃香的，女学生毕业后和大学教授结婚的也挺多。究其实质，一是当时教授有地位，二是一种文化的光环在诱导着许多女青年，让人觉得光荣。

另一种喜欢老男人的女生是弱弱的金钱控，就是喜欢老男人带给她父亲般的温暖以及殷实的家底，鼓胀的钱包。

有些女生看起来是新潮反叛，其实内心非常脆弱，需要一个男人继她爸爸之后继续供养她，所以她特别喜欢老男人。

还有一类女生喜欢老男人的成熟，觉得他们对世事看得特别透，人情练达，和他在一起，佩服他的老道，喜欢那种历经沧桑的感觉。她觉得小男生或者同龄人都浅薄，幼稚，只有老男人的成熟稳重吸引她。

最后一种女生，是有考量的。就是觉得男女性别不平等，要是同龄人，等你老了，他正当盛年，找个小三，让你苦不堪言。干脆找个年纪大的，你精力旺盛的时候，他刚好应付，等你也情欲淡薄的时候，他正好进入衰退期，省得背叛抛弃你。

这种女生往往没有自信。

当然，人各有志，喜欢什么样的人自由无碍，只要自己喜欢，别人也管不着。

不过，喜欢老男人的女人不得不考虑的一点就是，在你盛年时，他要是先挂了，那你就要一个人孤独地面对世界了！

谁是你生命里最重要的人

多年后，父母老去，而爱人却能继续陪你。

我曾写过一篇文章，题目是：《假设生命只有一天，你会做什么》。

不管什么条件，只有一天，你会做什么呢？

当时的我还单身，所以，我说，如果生命只有一天了，我会回家，回家看父母，和他们在一起。不管路途多么遥远，不管经历多少磨难，不管会不会来不及，就算客死路途，我也要回去。

因为，家是我唯一的牵挂。

可是，后来如果你再问我：假设生命只有一天，你会做什么？我会告诉你，我要和太太在一起。当然，我还是会回家，不过要带太太一起回去。

也许你会说，我不该这样，父母才是我们最重要的亲人，应该更想和父母在一起才对。

但我的心不能欺骗自己。

事实上，我现在已经离不开太太了。父母一年见一两次，平时会特别想，但总拿这样那样的借口，想也不回去。可是，太太要是三天不见，就会觉得心里少了什么。有事出差，即使快乐，心也想她，想着早点回去，要不心总空落落的。

这种感觉，就如同被问了一句：谁才是你生命里最重要的人？

就如那个常被人提起的疑问：你妈妈和你女朋友掉到海里了，你会先救谁？答案从来都是各说各理。据说，最标准的答案是："我陪她们俩一起！"

可到底谁更重要呢？

这么艰巨的考验，我想常人未必就碰得到。但在日常生活里，当父母干涉到你的情感生活时，你要不要听他们的话？

一个朋友说，当初她和男朋友交往三年，好得不得了，甚至从来都不曾争吵过。

当她带他回家见父母时，他紧张中说错了一句话，让她父亲意见很大，执意让她分手。迫不得已，他们只好分开。

多年后，她开始反思。

当年觉得父母重要，所以听父母的，但现在发现自己错了。因为，父母本来就有他们的生活，他们反对你的爱情，是轻易的。而你，要独自承受那被拆散后的孤苦，父母再疼爱你，也无法帮你解决。

这让我想起两个远房姑姑，都是因为听了母亲的话和丈夫离婚。多年后，她们过得都不够好，怨父母，却已经来不及了。

龙应台说，人生就是一场目送。你目送父母，越走越远，因为父母本来就大你许多年岁。而爱人，却是和你在一起，你们站在同一起跑线上。多年后，父母老去，而爱人却能继续陪你。

明白了这个道理，你就不会轻易因为无所谓的孝道而放弃自己的爱情，因为你会考虑得更长远一些！

过了三十岁的男人们

> 总有一天，所有的激情都淡去，所有的冲动都消散，
> 人们会回到质朴的起点，安静地过日子。

村上春树写过一篇《过了三十岁的家伙们》。

看到这标题，我第一想到的是，我早已过了三十岁。浮现在

我脑海里的是，过了三十岁的男人，开始注重养生，不再浪费时间，不再胡乱激情，不再鲁莽冲动。

记得以前，我从来没考虑过什么身体的状况。从小到大，除了冬天咳嗽咽喉发炎外，几乎没有生过其他病。所以，我觉得自己无比健康，完全不用担心。倒是现在，写字写得手起茧了，肩胛、脖子劳损了，屁股也坐得不舒服——去电视台录节目，连坐六七个小时，屁股就生疼。

我现在很注重饮食，比如只喜欢吃健康绿色养生的食物，对烧烤啊，饼干啊，大排档啊这些东西都敬畏有加。

和朋友们去吃消夜，点的那些羊肉啊，鸡腿啊，我都不太想吃，只有茄子、白菜还凑合着，可以吃点交差。尤其是那小塑料板凳，坐得我屁股生疼，只好站起来，晃荡晃荡。

去检查身体，也会发现问题。尤其是做那种能量检测，各种指数总会有这样那样的上下起伏，让人感觉怎么都是问题了呢？其实，这就是上了年纪哈。

这也没什么，但上了年纪就会担心，觉得别等哪一天发展成严重病症，那就悲催了。

上了三十岁，感觉做的都是正经事，从来不无聊，绝对不浪费时间。除了写书就是讲课、录节目，偶尔见见朋友，谈点合作，剩下的就是吃饭，睡觉，抽空去农庄或其他地方休闲一下。但也没闲着，因为又在想着怎样构思新的作品，下一步怎么打算。

倒是年轻的时候，虽然寂寞，写作时间真没现在多。那时候会去见女孩子，约会什么的，居然可以坐两个多小时的公交车去海边，居然爬过梧桐山，还去过笔架山，仙湖植物园，连海上田园都去过。欢乐谷，世界之窗当然也去过。

那时候，一晚上可以只用来吃饭聊天。然后回到家深夜了，也没做什么事情。现在，完全不是那么回事。想着必须出十本书，必须上更火的节目，"鸭梨"山大。

过了三十岁，再没二十来岁的激情了。

那时候，女孩子是越多越好。现在，只想守着一个人，过安稳的日子，经营踏实的婚姻。两个人能看一会儿电视，聊一会儿天，喝一碗热汤，或者出去走走都觉得好开心。

原来，我是这样容易满足。

放在二十来岁，谁会甘愿在一个人身边待着？所以，岁月是最好的驯兽师。总有一天，所有的激情都淡去，所有的冲动都消散，人们会回到质朴的起点，安静地过日子。

村上春树说，他过了三十岁的改变是："成为小说家，生活大为改变：戒了烟，早睡早起，开始每天跑步。以前每天抽烟很重，是个夜猫子，转变像闪电般非常大而快。从此以后到现在一直不变。"

对我来说，情况也差不多。比如，我确定了要成为一名作家。比如，我压根不会羡慕人家赚很多钱或担心工作。因为我的个性，我所有的一切成就了现在的我，和别人不一样。

最大的改变是，我不再出去见女孩子，即使再美的女人，我也不会被诱惑。这一点，除了年纪大了外，我想更多的是对家庭的忠诚、责任，是对另一个人的情意。

过了三十岁，真怀念二十岁的时光啊！

越俗越幸福

俗到一定程度就是雅,而你只看到俗,说明你的境界还不够。

看到朋友签名的刹那,我忽然觉得很好玩:"新四大俗:城里开咖啡馆,辞职去西藏,丽江开客栈,骑行318。"

其实这些都是幸福的事情。为什么这么说?因为它们都代表了一种富足,或者说自由。

比如说,开咖啡馆。我住的小区旁边有很大的城中村,我家楼下居然开了十几家咖啡馆。谁会来这里呢?我反正一次都没去过。

可是,每次我夜归的时候,总看到咖啡馆里有很多人,相恋的情侣,寂寞的少妇,还有那些睡不着的人:他们构成了深夜咖啡馆的独特风景。

世界上没有任何地方能够比咖啡馆更悠闲了,咖啡馆的出现总会让你觉得心里舒缓许多,虽然你未必要走进去。

这也正是为什么法国会被称为浪漫之都的原因:那里有无数的咖啡馆。当人们在塞纳河畔的咖啡馆坐上半天,看着眼前人来人往,身处红尘,却又能超然世外,那是怎样的一种惬意?所以,一个城市的咖啡馆越多，这个城市的人越幸福。

曾经有个女同事，只身前往西藏。她说，办公室里太复杂了，要去呼吸一下新鲜的空气。一个小姑娘，一路搭了很多车，辗转多次，终于到达。

也许西藏就是这样，它能让我们在疲惫时获得内心的安宁和纯净，让我们烦嚣的心获得净化。去一次，回来就烦恼全无，积蓄了满身的力气。同流合污也好，自标高格也好，总之可以待下去，这何尝不是好事？

至于辞职去西藏，那更是值得羡慕的事。没有放下的勇气，谁敢辞职？所以，我倒羡慕敢辞职去西藏的人。

去丽江开客栈也许永远发不了大财，但是，在那里开客栈却可以看红尘百态，风景好，人悠闲。

至于骑行318，那更是环保主义者，是乐活。

我就认识十几个这样的人，他们不是这个城市的富贵者，但他们是这个城市的亲历者。他们的生活，是普通人的生活，可他们的快乐，却比中产和富豪纯粹，他们的快乐是真快乐。

那么，旧四大俗是什么？王朔总结的是："金庸小说、四大天王、成龙电影、琼瑶电视剧。"

如今看看，这旧四大俗基本都成为了经典，虽依然有人对它们嗤之以鼻，但它们却影响了好几代人，这是不争的事实。

所以，俗倒不怕，怕的是媚俗，一媚就容易丧失原则；怕的是恶俗，一恶就容易丧失操守，做出许多让人看不下去的事。

再说，凡是说别人俗的人，往往自己才是真俗。因为大俗即大雅，俗到一定程度就是雅，而你只看到俗，说明你的境界还不够。你容忍不了别人说，说明你蛮横、霸道。

所以，真正让人担心的倒不是俗，而是打压俗的人——那是超优越感，是自我，是高傲，是自以为是，这些才是让人真正受不了的庸俗。

不要追忆过去的美好

此情可待成追忆，只是当时已惘然。

有个朋友写了篇文章，说当年他和一个男生在笔会认识，对方是穷教书匠，睡一个房间，那人剪指甲的时候声音很细很小，生怕打扰了他。

他喜欢那时的他，两人成了朋友。喝酒，来往，畅谈。

后来那人升了官，发了财，再没有那么细致的举动了，而是浑身上下散发着飞扬跋扈和炫耀狂妄的气息，怎么也掩盖不住。

他请朋友吃饭，在当地最好的餐厅，上来就是一句："你知道这一餐饭要花多少钱吗？"朋友完全没了胃口，以后再也不想见他。

我们都有过这样一些朋友，开始很好，后来就变味了。可是变味的时候，我们还难过，觉得遗憾可惜，甚至觉得难以接受。

直到多年后，我们才终于明白，原来我们本来就不是同路人，只是在某个时刻，或某个年代，有过交汇。在交汇的时候，我们也算相知，相交，但过后我们就会走向不同的路了。

朋友是桥，只能陪你一段，伴你一程。比如这个朋友的经历中，也许那个人当年只是谨小慎微，他并不是内心温润如玉、温柔谦虚，只是在未得势时谦卑，胆怯，做小伏低。

有些人是有这些特质的，人微言轻的时候，十分谦恭；飞黄腾达的时候，招摇跋扈。现在只是没到那个时候，到了就不是过去的那个他了。

或者，他当初和你不熟，所以才如此小心翼翼；又或者，他和你平等的时候，他觉得无所谓，糗一些也罢，尴尬一点也罢，人穷志短，顾不了颜面。但如果某日他发达了，你再让他回忆那过去的瞬间他就不乐意了。

好比自作聪明的门子跟贾雨村叙旧，以为可以邀功，却让贾雨村恨得牙痒痒，找个机会立即将他打发走了。当年的窘迫，是迫不得已，那时候可以忍耐。今日再提，无法回忆，不堪回首。你提，我就跟你断交，绝交。

我就有一个朋友，曾励志考研当作家。

我们有共同的目标，相互打气。我们一起对抗社会的残酷与庸俗，相互安慰，做彼此最坚强的后盾。那时候，我们真心要好，真觉得有这样一个朋友，人生是多么幸运。

后来，我等不及考研，提前辞职去了上海。

听说我要走的那一刻，他立即变了一个人似的，再也没有之前的热情和温暖了。他窝在房间里，很少来找我。

我走的那日黄昏，他坐在床沿上。我说我要走了，他说好，再见，居然都没有站起来。我无比失落，然而，也只能硬着头皮跨出门外。我想他至少应该送我到车站吧，然而没有。

晚上，我在车站等车的时候，他给我打电话，说是他的钥匙忘在办公室了，问我走没走。我说还没，快了。他立即赶来，取走我保留的那一把钥匙，没有多说就走了。

那是我们最后一次见面，后来我曾多次想起过他——毕竟回想那段小城的生活时，绕不开他——我想不通，他怎么会那样。

不过，现在也能明白，毕竟我提前走掉仿佛逃出生天，而他还要在那个地方受苦，他当然不乐意，仿佛我撕毁了盟誓抛下了他。这种心理，肯定是有的，假如是我也会有点失落吧？

"此情可待成追忆，只是当时已惘然。"李商隐的这句诗写的是迷情，伤情，是回不去的过去，然而我可以感到那种感情是真挚的。但现实里有很多感情却是过了这个村就没那个店了，当时OK，之后就淡漠了。

所以，我现在很少为过去的人事伤悲。也许是到了小中年，渐渐对一些事情看淡了，不再为过去的回忆伤感，也不再为逝去的友情、爱情难过。

活在当下，守好父母妻儿，就已经是我最大的祈愿了！

第五章　如何再一次心动

在荒凉的世界里，温暖相爱

没有一种爱是空穴来风，也没有一种爱可以平白无故。

清如：

邮件收到。你说两年前生孩子，难产，遇上出血，情况危急，几度晕厥。恰巧那刻醒来，意识模糊中听到医生问你家人，保大还是保小？婆婆和老公几乎异口同声地说，保小。

那一刻，你心里犹如万箭穿心，疼痛难忍，但也只能装作没有听见。他们或许以为你没有听到，因为你精神状况一直不佳，醒来与睡去几乎没有明显区分。

你说后来上天还是眷顾了你，孩子顺利出生，是个儿子，而你也得以保全。

现在，孩子两岁了，你的身体也调养得当，一切都步入正轨。但你常想起那个场景，想起他们说保小，你仿佛被遗弃的孤儿，内心凄凉。你常常想，为什么还生活在这个家庭，为什么不离开这个无爱无温暖的家。而想到孩子，你又于心不忍。也许，你应该带着孩子一起离开？

你说，你对老公和婆婆也有一些芥蒂，总觉得他们笑靥的背后是巨大的冷漠，让你不寒而栗。你说这样想也挺难过，可是又控制不住不想，真不知道该怎么办。

清如，关于你的问题，我之前也接到过类似的读者来信。

保大保小，这确实是一个非常伤神的问题，因为无论保大保小都不是两全其美，都是遗憾。如果可以选择，没有任何人希望被问到这个问题。然而，世事没有这么完满，人生总会遇到不尽如人意的时候，此时怎么选择便是一种考验。

我相信你的老公和婆婆也一定希望一切都好，大人孩子都平安。他们心里应该有过争斗，甚至是不想失去你的苦痛，但是，当只能选择一个的时候，他们选择了孩子。

这并不是说他们就不爱你，而只能说，他们爱孩子胜过你。

没办法，人们总是对孩子给予更多的期待与热爱。泰坦尼克号沉没的时候，人们选择将孩子送走，而自己留下，这就是人们对孩子的保护和照顾，因为孩子属于未来。

曾经看过一部电视剧，同样的医生问家人，保大保小。丈夫不假思索，保大。产床上的妻子则央求丈夫和医生，无论如何要保全孩子。她不想让孩子还没出生就夭折，她选择以自己的生命换取孩子的出世。这是一位母亲的选择。

当然，丈夫没有顺从她的决定，因为觉得孩子还可以再生，或者领养一个，而妻子只有一个。

遇到这样的"暖男"，那是几世修来的福气。

与之相比，你固然没有被丈夫这样对待，但我觉得你其实也非常幸运。因为，原本按医生的说法，你会面临保大保小的人生抉择，然而你却得到上天的眷顾，母子平安。

这真是非常大的幸运，几十万分之一的小概率让你撞到，何尝不是一种奇迹？而你的老公和婆婆，他们无须面对失去你的痛苦与愧疚，何尝不也是一种幸运？

今天，当你躲过劫难，当你幸福地生活着，其实可以选择放下了。因为，那可怕的结果并没有发生，而你今天还有幸福的家庭，可爱的孩子，为什么不珍惜这份幸福？

也许，你心里会有点委屈，毕竟他们在抉择的时候没有将你放到首位。然而，退一步想，为什么他们会做这样的决定，难道与自己就没有关系吗？比如，你和老公之间，也许有某些隔阂，也许并没有爱到生死相依的程度，也许他从未感受过你刻骨铭心的爱；而婆婆，她也许也没感受到你对她无微不至情同母女的关爱，那么保小便可以理解了。

我这么说，并不是说他们没有错，也不是指责你对他们的爱不够，而只是想说，如果我们想要更多的爱，那么我们至少应该先付出同等的爱。没有一种爱是空穴来风，也没有一种爱可以平白无故。所以，重新打量你和老公、婆婆的关系，对他们的关爱多一些，也许他们就会对你更加疼爱。

祝好！在荒凉的世界里温暖相爱，当然，首要的是自爱！

爱到长长久久

面条的形状则如千丝万缕的情感,总是让人回味悠长!

TVB剧里,每每男主角深夜疲惫地回到家里,女主角就千般温顺万般贤惠地迎上来,问你吃过饭没有?饿不饿,我给你煮碗面?

剧情里如此钟情煮面,其实是有道理的。

在所有的食物里,恐怕没有比面条更养人的了。面条汤汤水水,滋润人。据说,面条可治胃痛、感冒、头痛、虚软等毛病。

关键是,吃面方便。

一碗面,有菜、面、汤、油,一应俱全,不再需要其他的菜料,简单却不失真诚,真是非常贴切。

而且,面条是除粥之外最让人觉得亲切的食物了。平易近人,不事张扬,无妖娆之造型,亦不需要华丽之卖相,甚至不必你投入太多,无须耗费时间精力,就可以享受它的美味了。

就我对面条的研究而言,面条恐怕是世界上最神奇的食物之一了,因为它虽如此普通,却可以好吃到无与伦比。

记得小时候,我吃的都是妈妈做的手擀面、长寿面(一根面从头到尾,不能中断,代表了长寿)。和面的时候放个鸡蛋,这样面条就会比较有韧劲。

以品种来说，我吃过阳春面，热干面，烩面，担担面，刀削面，竹升面，拉面，油泼面，裤带面。

以材料来说，我吃过碱水面，豆面，高粱面，绿豆面，胡萝卜面，海鲜面，牛肉面，鸡丝面，蔬菜面，菠菜面，红薯面，紫薯面，芋头面，鱼面，青菜面，西红柿鸡蛋面……

真是类型无数。当然，还有炒面，拌面，凉面，乌冬面，伊面，意面，等等各种不同形式的面。

记忆中，福建饭厅里的碱水面，是我学生时代的美味。长大后，我吃过东北饺子馆里的手擀面，那让我想起了妈妈做的面条。

和太太一起去吃的台湾中华拉面，是我吃过的最好的拉面。

那是一家香港连锁面馆，邀请我去做客，我们吃的御品牛肉中华拉面正是店里的招牌面。

红酒调配的汤底，加上芦笋、西红柿、小玉米、红菜椒，非常鲜美、芳香，就如性感的熟女诱惑着你。吃起来热烈而温润，让人心里暖暖的。

我还吃过芳香日式拉面，很像手擀面的风味和筋道。

三个小时慢火焖制的上等肋排，很有腊肉的感觉。加上新鲜的香草，味道带一点酸辣。胡萝卜、玉米和菌菇等几种清爽的配料，加上葱花，芳香惹味。

红酒牛肉日式拉面则将红酒与牛肉很好地融合了。芳香、清雅中又带着妖冶和浪漫，加上番茄、胜瓜，以及洋葱和薄荷提升的清气，让这碗面成了浪漫与情调的代名词。

其实，我平时很少吃面，因为觉得没什么特别的，但那天我们却吃了三碗拉面，而且之后还去吃过两次。

太太是广东人，对北方的面没有特别的激情，但是她却对那天的面情有独钟。

太太对炒粉感兴趣，对山西陕西安徽北方的各种面都没有太大兴趣。

有一次我和她去吃山西面，她居然说，下次不来了。而她爱的炒粉、炒面，我也不是特别爱吃。

但是，我们却在那家面馆里找到了对面条的共同热爱，真是太让人喜悦了。

我和太太还特别喜欢龙虾伊面，就是喜宴上的那道大餐。

此外，我们也在超市买过一种伊面，筋道，有质感，无论怎么煮都很好吃，可惜后来再没见过那个牌子。

不过，不久之后，我们又找到更好的面条了——芝士炒面。把菜心切碎，放点鸡蛋，橄榄油，再用芝士提味，真是美味极了。

芝士鸡蛋炒面是太太给我的一个惊喜，让我感叹原来普通的面条也可以做得这么好吃。

我再次对面条产生了迷恋——种类众多、花样百出，让人能有所选择，总会有你喜欢的款。

而且，做面的方法方式很多，用不同的配料能做出不同的口味和风味，总能让你尝到美味。

这是面条的好处。

最最关键的则是，面条又隐喻长长久久，有缠绵、长远、情谊深长的意思。而面条的形状则如千丝万缕的情感，总是让人回味悠长！

爱是灵魂的进入

如果要等到行将入土，不如早点找。

有个段子说，杂志《男人装》的办公室里，一男一女有如此对话："进来了吗？""还没！""快点啊，等不及了！""好，进来了……"说的其实是一男一女在开红酒，但却让人暧昧遐想，因为"进入"是一个暧昧的词。

没有人不喜欢进入吧，或者被进入。当你喜欢一个人，进入她的生活，那是当时当刻最快意的事，比进入她的身体还让人快慰。因为进入身体是容易的，而进入生活则相对较难。

泼辣豪放的女子，总是允许陌生男人进入她的身体，因为那是她的需要。但是，如果他想进入她的生活，闯入她的人生，她就不愿意了。

喜欢婚外刺激的女子这样告知对方："你不可以操控我！"说白了，是否让你进入，决定权在我手中。而你，也不要以为自己进入了就代表了什么，对我来说，你不过是一道开胃小菜。

进入心灵更难。狐狸喜欢小王子，难舍小王子，就是因为他们互相进入了彼此的生活，与对方产生了依赖。而灵魂的进入，则是深层次的交流。

上流社会的贵妇给了巴尔扎克、卢梭等人支助，但却也给他们设置了障碍，这就是傲慢与偏见，是不准进入。

徐志摩和林徽因也是没有进入的，因为他们根本就不在一个频道，最多在诗歌这个单行线上有交叉，刹那交错，瞬间分开，之后便是永恒的隔阂。所谓进入，不过是诗人的一厢情愿。

枕边人，又有多少是在真正意义上进入了？有些人一生都不了解自己的枕边人，一生都不知道对方要什么，对方真正的梦想是什么，他们在一起，不过是陌生的搭伙。

所以，有人到了头发斑白才忽然醒悟，原来我这一生都没爱过。那么，我是不是白活了？

有部二战影片，反映一个男人六七十岁了还不顾老婆和儿子的阻拦，和生病的初恋在一起，这就是对真爱的寻找。

只是，如果要等到行将入土，不如早点找，你说是吗？

把你宠坏，让你依赖

想要让一个人离不开你,只有一个办法,那就是对TA好,把TA宠坏，让TA依赖！

看到一个很有意思的调查数字，说是在中国，有20%以上的人宁愿要手机也不要性爱——手机和性爱只能选一样。

回答令人意外，却也在情理之中。

在日本，这个数字更高，超过了50%。人们宁愿要手机，也不要性爱，可见手机在人们的生活中分量有多重。

手机是这样一种东西，带给你无限的慰藉，送给你许多的资源，但是它的副作用却隐藏得很深。

虽然手机也有弊端，但它对人基本上是付出型的，人可以予取予夺，不像性爱，你总要付出许多才能获得一点回报。

将手机当爱人的女生越来越多，尤其是孤独的单身女生。

不是谁都有能量去不断恋爱，也不是谁都有胆量去玩夜店，所以，手机对于寂寞的单身女生来说，不啻于一个温柔的爱人，一个灵魂的慰藉。因为，手机上什么都有。

这个有意思的现象让我想到爱情。

我曾说过一句话：把你宠坏，让你依赖。如今，这个情况果然出现了。我要去北京签名售书，21日去，23日还要回趟老家，估计要六七天，太太就有点不舍。

婚后，我们一直都是形影不离。太太去哪儿，我去哪儿，我要回家太太也跟我一起。有一年，我过年回家，太太在深圳父母家，当时她感冒了，天气又冷，觉得孤单，便希望我快点回来。只有这么一次分开，往常我们都是一起回家的。

太太为什么对我如此依赖？只因平时我们感情好，生活中相互照顾，她做饭，而刷锅洗碗、拖地、擦桌子这些小事都是我干。当然，我也为她吹头发，甚至在她看电影的时候给她买零食。

她形成习惯了，日常小事也依赖我。所以，我平时要有什么事需出远门，太太都要我尽量缩短时间，因为我们真的没有分开过。现在剩下她一个人在家,似乎不习惯。

我自己也是。因为走、坐都和太太在一起,有两次我录节目回来,太太回娘家有事,我一个人在家,晚上居然会睡不着,想来想去就会觉得孤单。

房子虽不大,空落落的就我一个人,静得出奇,只好给她打电话。唠叨着,聊到她累了要睡了我才挂电话,但是,电话一直开着,不肯关机。看来,我也习惯了两个人,一个人反而不适应了。

所以,想要让一个人离不开你,只有一个办法,那就是对TA好,把TA宠坏,让TA依赖!

不能冷淡爱人的心

不管这个世界有多冷,只要爱人对我们热,就值得我们为此欢呼,值得我们继续勇往无前。

去广州签售,累了一天才回深圳。饿极了,便找了邻近一家平时感觉还不错的客家菜餐厅,晚上九点多其实也不算晚,但侍者端上来的却是凉米饭。

讨厌吃凉米饭,应该说是冷米饭,和剩饭没什么区别的。

有些东西必须凉着才好吃,比如皮蛋。但米饭这食物,绝对是香喷喷热乎乎才好吃,光闻那米香就已经让人陶醉,每粒米的光泽，一粒米与另一粒米的黏结，都让人觉得奇特。当你吃入口中，唇齿接触，仿佛是恋爱所散发出的特有气息。

但是，冷饭将这一切美好的感觉都打破了。

与冷饭差不多的是，有些饭菜，不冷不热。比如，广东的白斩鸡，似乎每次端上来都是一个温度，你从来不知道它到底是刚煮熟的还是已经煮了很久。还有些类似糖醋排骨的江浙菜，不像凉菜，但也绝不是热菜，永远就是那个不冷不热，吃不出兴趣。

有一次去一个餐厅吃饭，端上来的鸡是微波炉加热的，怎么得知的？盘子超级烫手，但鸡还没热透。还有的是已经做熟的，凉了，客人点过之后，他们再用微波炉加热。结果，加温两次的鸡肉——至少两次，完全烂透，毫无嚼劲。

吃这样的鸡块，有什么食欲，有什么挑战和情趣可言呢？

那天，我们点的几个菜，有两个是加热的，一个是炒糊的，还有一个味道很差，没吃两口，我们就都走掉了。

这样的餐厅，怎么还能开着呢？

不是我们挑剔，是有些饭菜必须是滚热的才好吃。而人与人之间的温度，又何尝不是？

同一个公司，有的人，你和他就是热不起来，不管怎样努力，他还是那个死样子。你不欠他的，拼命想和他搞好关系，套个近乎，他还是那样漠然，大约觉得你无可利用之处吧。

有些朋友，开始很好，时间久了，也渐渐就冷淡了。没任何不愉快的事情发生，只是曾经很忙，疏于联络，再见面，完全找不到当初的那种感觉了。再后来，甚至都不再见了，有事发个短信，打个电话，就是不肯再相约见面。

不过，陌生人和不相干的同事对我们态度冷漠这不算什么。我们并不是离不开他们，也不欠他们的，他们冷我们也可以冷。我们也可以不友善。

就算是朋友，缘分尽了，关系淡薄，我们也不会太难过。

我们唯一介意的是爱人的冷。

爱人是这个世界上最重要的人，即使全世界都冷，只要他热，我们的心也就会热。唯一不能冷落的就是爱人的心。

不说将来

与其担忧将来，不如享受现在。

一场淋漓尽致的欢爱之后，女人问，你以后会不会也像现在这样对我好？

男人说，会，当然会。I love you forever，我会永远爱你。

虽然男人回答得坚定，但女人还是会问。类似的问题还有：等我老了，你会不会也去找情人？找小三？

男人当然回答说不会，如果找，我现在就去了。我现在正是精力最旺盛的时候，现在都不找，将来人老了，更不会去找。

依偎在男人的怀里，女人想的不是现时现刻，不是当前的温柔，而是以后——我要老了，他会怎么对我？

女人喜欢问这样的问题，大约知道青春的容颜易逝，而男人只会爱年轻漂亮的脸蛋，青春的身材，那时自己将无可奈何而又幽怨缠身。

与其让男人回答你这样的疑问，不如什么都不问，就好好地享受现在。享受现在这一刻，他给你的激情与爱抚，关心与细腻，享受他的付出，也享受他的满足。

因为，此刻的温柔才是最大的温柔，至于将来爱不爱，那不是男人能保证的事，也不是现在能确定的事。

与其担忧将来，不如享受现在。

男人，也同样喜欢说将来。譬如，等我有钱了，我会给你买钻戒，给你买豪宅，给你买保时捷。

大约男人总觉得，给女人物质就是最好的回报，不管她现在跟你吃了多少苦，将来只要给她足够的物质，就一笔勾销。

那么，她受的委屈算什么？她被你辜负了算什么？她的所有情感，难道就只能用金钱来计算衡量吗？她的爱能用金钱来抵消吗？

男人还喜欢说，等我有钱了，就给你最好的一切。这意思很明显，似乎一切都是图将来，没有将来就没有幸福。

为什么不是现在？将你现在最好的都给她，哪怕是小康之家，哪怕是仅仅够生活。现在，如果你将细心与温柔都献给她，她会觉得自己是世界上最幸福的人。

就如那些坐在自行车后座上依然微笑的女人，她们的笑容是真心的、质朴的。没有人不喜欢富裕，但是，普通的生活也有平凡的快乐。这就是快乐的丰富与多姿。

总喜欢问"你会不会永远爱我"的女人,多半会在未来失去男人。因为那份自信没有了,因为缺乏岁月的沉淀,在青春消逝自我消亡之后,她的魅力瞬间消弭。

男人即使当初海誓山盟,也禁不住外界的诱惑,或惭愧或自责,或一声不吭地离去,就算担个负心汉的骂名,他也快跑不及。

总说"将来我会怎样怎样"的男人,将来多半也没怎么样。作为万千屌丝中的一个,能真正改变命运飞上高空的寥寥无几。

在公车上,在地铁上,到处都有这样的男人,曾经也信誓旦旦过,"等我将来发达了……"但是,等待他们的是中年的颓唐,事业的危机。少数逆袭成功的,却又将糟糠之妻抛弃了。

所以,男人发不发达,其实女人都不该太在意,因为发不发达,似乎都和你没有太多的关系。

不管男人女人,都应该享受当下,将心放在现在,而不是投向那虚幻的将来。因为,将来再华丽,也不如眼前的美好真实。

聪明女人都是"暗示"控

如果他愿意成全你,他就会有所行动,如果他依然无动于衷,那你也该考虑换人了。

男人都是迟钝的动物,也许他们在事业上很牛,也许他们对技术很精通，但说到感情，往往都有点后知后觉。

不过，有些时候，男人是故意装着后知后觉，譬如关系要确定，譬如求婚。除非那个男人很爱很爱你，或者他非常想要个家，否则，他们总是三心二意，懒得确定关系，懒得求婚，只要有个人陪他，照顾他的饮食起居，他巴不得一直这样下去。

针对这样的男人，如果你还有点喜欢他，如果你觉得他还算靠谱，如果你想和他结婚，那可以用以下的暗示方法。

譬如，带他去占卜。

前几天看韩国电影《恋爱高手》，里面有个女孩子就是带男人去占牌的。那是一种类似塔罗牌的东西，不管抽哪一张，占卜师都说，你们俩很般配，是天造的一双，地设的一对。这会让原本还有点犯糊涂的男人，也不得不认为他们俩很登对了！

我很怀疑，这个占卜师是被这个女孩子收买了，哈哈，不过如果真能促进你的爱情，收买一下又何妨？

当然，也有借助于家人的情况。譬如，如果你妈妈逼你结婚，你就可以对他说："老妈最近老催我，我都跟她说过很多次了，我们还年轻，还不想这么早结婚。可她总不相信，老说什么你也老大不小了，也该结了。"或者："我好喜欢小孩，可惜，我还没结婚，看着闺蜜家的孩子，我都想把他抱回来。"

也可以带他参加你的那些已婚朋友的聚会，让他看看人家的恩爱甜蜜，尤其是那些有了孩子的朋友聚会。如果别人都用孩子做话题，而他偏偏插不上话，没准他就觉得自己被歧视了，回头想和你结婚生个孩子的念头，也可能就生根发芽了呢。

还有一个方法是带他参加朋友的婚礼，让他看看别人的幸福模样，尤其可以安排新郎跑过来，拍拍他的肩："你还要拖到什么时候？"也许她哥们的一句话就能触动他哦。

当然了，最多的方法是，在大街上看到相互搀扶着走过的老夫妻，一直关注地望着他们，无限神往，然后发出感慨："多感人的夫妻啊，我最向往的就是这样的场景，执子之手，与子偕老。"他看见了，不会假装无视吧？

此外，也可以带他去教堂，像做游戏一样，自己先演示一番，将结婚典礼演一遍，像是玩笑，又很虔诚。你认真的样子一定会让他觉得，原来你想结婚。那么，如果他愿意成全你，他就会有所行动，如果他依然无动于衷，那你也该考虑换人了。

其实，暗示的方法多种多样，要根据具体情境来暗示，效果会更好。如果是刻意安排，要自然，不要太夸张造作，要不，穿帮了可就不太美好了！

发泄发泄，就好

> 向爱人发泄是自私的，与其增加爱人的烦恼，不如自己单扛。

曾写过一篇《向谁发泄》，现在看来，这篇文章酝酿得不好，显得单薄了。

当时，我表达的观点是，不管你受什么委屈，都最好不要向最亲爱的人发泄，因为将负面情绪带给最亲爱的人，实在是有点自私。

但是，在现实里，如果你不向最亲爱的人发泄，你向谁发泄呢？朋友不是出气筒，同事不可能让你大发雷霆，领导更是得毕恭毕敬。

去找个三陪，打一顿骂一顿然后付钱？那似乎是富太太和纨绔子弟的做法，不适合我等生活规律人品高尚的纯净青年。

因此，发泄的矛头似乎只能指向：枕边人。

也有人给出妙方，说是可以发泄到宠物上，比如猫啊狗啊，或者就是枕头啊，公仔啊。

前几年流行枕头大战，也有人做了许多实验性的减压站，让都市人去发泄心中的压抑，但终究都火不起来，且有一阵风的感觉。

归根结底，只能解释为，人们还是喜欢向"活人"发泄，向有感情的人发泄。

所以，爱人，枕边人，便成为出气筒。所以你会看到生活中人们常向身边人发泄情绪，而我们为了自我安慰，还将这种行为解释为："打是亲，骂是爱。"

在这样的理论背景下，向最亲爱的人发泄便显得理直气壮了。但，果真如此吗？

梁实秋在《男人》里有句话说，男人"在外面受了闷气，回到家里来加倍地发作"。这句话所在的那段开头是"男子多半自私"。也就是说，在外面受了委屈回到家撒气，是很自私的行为。

我承认，人都有弱点，外面的气如果积累多了，可能会郁积成疾，偶尔发泄一下也有排毒作用，但我依然不赞成向最亲密的人发泄这样的做法。

这是因为，你一个人受气受委屈就够了，如果再把这种怨愤和委屈发泄到爱人身上，那你们两个就都委屈了。

家里一旦有了这种气氛，你还喜欢吗？

爱人是让你休憩的港湾，爱人的心是你快乐的梦乡。在外面受了气，回到家如果能看到爱人的笑脸，听到爱人的亲切话语，吃到可口的饭菜，你的内心会觉得宽慰，原先所受的那些气也都可以减少或忽略了。

这就是爱的消化或缓解作用。

但是，又确实有些人，他们无法自我消化烦恼，便将烦恼转移给爱人。如果爱人能很好地疏通自然很好，但若对方也承受不了，或消化不了，那岂不是要和你吵架，或者气出病来？

如果他也能发泄一下，当然好。如果他是个老好人，无处转嫁，那么，你倒发泄轻松了，而他则要苦闷死了。

因此，我觉得最好不要向爱人发泄，而且，相比之下，我很欣赏那些能够自我消化的人。

那些无论在外面多失落，但回家都能开心快乐的人明白，向爱人发泄是自私的，与其增加爱人的烦恼，不如自己单扛。

而且，一般这样的人都有一颗强大的心灵，他们能将工作或其他的失落、烦恼都化解掉，就像电脑一样先经过杀毒，确认自己安全后才回家，这样的人实在是可爱的。

记得当年的傻幸福

傻有傻的快乐，上天其实待你不薄！

女人在一起，总会讨论起前男友。有人不屑一顾，有人懊恼后悔。

"为什么当初那么爱他呢？真傻！"

"哎，现在想想，我那时真神经病，为什么会和他好那么长一段时间呢？真瞎了眼，病得不轻！"

"我被他搞得也不正常了，那段日子，我和他一样，都疯狂得无法自拔！"诸如此类的论调，你一定听过许多。

三个女人一台戏，只要有女人聚会的地方，便有声讨男人的声调。而声讨前男友或者前夫，则是所有声讨中最热烈常见的。

你很少听到女人说："我很开心，我们爱过一段时光！"或者："曾经和他的一段日子，是我这辈子最大的快乐！"

女人总是将前任一棍子打死，然后将自己钉死在耻辱柱上，就连张爱玲也难以免俗。

张爱玲对宋淇说："那人又写信来，寄来了他的两本书，让我给点意见。我随手翻了翻，没什么感觉就扔一边去了！"

腹诽过去的恋人，显然有些小家子气了："他既如此不堪，当初你怎么会爱上他呢?"

爱过一场,又何必如此鄙薄?

这一点,苏青就做得非常好。

苏青离婚是因为嫁了个旧式少爷,老公年龄小,也不当什么家,意志脆弱,拗不过恶力量的侵蚀。

但苏青和老公倒没本质上的芥蒂,所以,离婚之后,苏青倒觉得对不起她老公,文章里常说:"是自己不够好,无法忍受旧式家庭的束缚……"

这种自我检讨的思想,值得所有女性学习。

话说回来,当初爱他的你并不傻,那时候你享受爱情的时光,懂得爱情的甜蜜,同时也乐于付出,全情投入,这是上天赐给你最大的快乐。

那时的你,即使没学到什么东西,也没抱怨;即使他没给你足够的关怀,你也一样疼爱他。

这不是傻,这是幸运。因为你比他更懂爱,你比他更幸福,你享受到了热烈爱人不求回报的满足。

这不是谁都可以拥有的。

现在的你更聪明了,但也精于算计了。你明白,没有回报的爱是不值得付出的;你要求自己付出多少对方也得回报多少;甚至,你希望等对方先付出你才肯付出。

这样的你,精明,理性,干练,老道,不会轻易受伤,但也没那么容易快乐了。

现在的你,是个看透世情的女子,知道了爱情不是面包,也知道了男人靠不住。沧海桑田之后,你看似成熟了,其实是吝于付出了。而悭吝付出，是不幸福的开端。

　　回首过去，你会觉得自己傻，但那时的傻却让你尝到了爱情的滋味，这就是傻的回报。

　　世界上没有任何一件事没有回报，你傻傻地爱那一个人，他或许没有给你相应的回报，但你已经收获了那段感情的果实。

　　回首过去，你没有因为自己懒得付出错过那个人而懊悔，也没有因为不肯投入而让那个人中途离开而苦恼，这其实都已经是上天给你的最好馈赠了。

　　不要为过去的傻而难过，也不要为过去的傻而懊悔，傻有傻的快乐，上天其实待你不薄！

将你最爱给最爱

　　将你最珍贵的，献给你最珍贵的人。

　　有些女生天生具有犯贱的本质，一旦爱上谁，就把自己彻底放低了，低到地下十层，甚至更深。

　　而男人，在她心中则高耸云端，高上了天。她不自觉地将男人奉为天，奉为夫，因为比天还高嘛。自己则是妾，被压迫，无法独立，所以沦为男人的丫鬟和保姆，这也怨不得别人啊。

　　有这种想法的女人，应该去买一款项链，"你最珍贵"。买回来，挂在自己的脖子上，或者将这四个字刻在自己的手表上、钻戒里，时刻提醒自己，自己才是最珍贵的。

如果没有办法做到这些，那就应该写一张纸条，将它贴在自己的电脑上或床头，然后告诉自己，他并不比我高贵，我对他好是因为爱他，要是我不爱了他算谁啊？

而且，就算我爱他，他也不能比我高贵啊！

香港有个月饼品牌，其广告词是：将我最爱，给最爱。如果让我改一下，那就是："将你最珍贵的，献给你最珍贵的人！"

记得大学时有个女孩子送书给我，送的不是她最不想看的，或者说已经老掉牙没兴趣的，而是《挪威的森林》。

那是她最喜欢的书，她看到我很喜欢就送给了我。

这就是送人礼物的秘密，将你最珍贵的送出去。你不喜欢的，丢给别人，让别人帮你处理废物吗？

延伸到爱情里，你要将你最珍贵的东西献给你最珍贵的人。

将你最好的给他，这是情意，他会感动，会珍惜。将你最珍贵的给最珍贵的他，这样才值得，否则，随便乱给一个人，那也太无所谓了。

所以，女人应该牢记两个珍贵。

一个是在爱情中，你最珍贵。这个珍贵是让你自尊自立的，有了这个珍贵你才能让自己占据主动。

另一个是与人交心的原则。你毫无保留，这很重要，另一方面，也要给对人。

弄明白了这两个珍贵，你也就离幸福不远了。

强大的爱

女人不要怕没男人,因为男人最终会降伏于女人。

有人说,爱情是脆弱的。其实,爱情也可以是顽强的。

爱情是坚韧的,脆弱的往往是人。

人脆弱了,经受不住诱惑,没有耐心,关系破裂了,失败了,便归咎于爱情。

其实,应该从自身上找原因。

那么,如何在爱情里拥有一颗强大的内心呢?我觉得最重要的是自信。自信,就是要看到自己的实力,长处。

有个同学,她很优秀,可她总觉得自己不够好,在派对里她觉得很受打击。可是,当你和她相处之后,你会发现,她很有智慧,而这种智慧会让人觉得和她在一起是舒服的。

这对男人来说也非常重要,因为舒服是一个男人选择一个女人的重要标准。

另一方面,你要明白,智慧是与日俱增的,而色相只会递减。所以,美女是消耗品。

如果你觉得自信不够,不妨就阿Q一点,"美女反正也就那几年,过了那几年都差不多!"这样想,你或许会强悍一点。

曾经认识一个女编辑，姿色相当平常，她的每任男朋友都是帅哥。她说，我已经不美，如果还找个丑男，岂不是要影响下一代？她固执地热爱帅哥，并最终嫁给了帅哥，而且还很幸福。

这足以鼓舞普通的女孩：样貌美丽的女子婚姻并不一定幸福，幸福往往是属于具有智慧的女子。

人要强大就要知道自己要什么，如果你不知道自己要什么，便会迷惘，左右摇摆，这样的你是不会有魅力的。

当你知道要什么的时候，你会非常坚定。

譬如，我要成为女王，我要出名，我要嫁给贵族，怀揣这些让人震撼的愿望，你整个人都会被赋予一层夺目的光彩。

即使你不够美，也会让人觉得你是个优秀的人。

放眼看娱乐圈，凡是那些混得好的女生，无一不是深刻知道自己想要什么的人，她们知道要达到什么高度就必须付出什么代价，要想过理想的生活就必须经受苦难的折磨。

这是代价，她们甘心受过。

在爱情里，内心强大还要做到，即使被背叛被抛弃，也不自暴自弃，坚信自己就是一块珍宝，总有人会喜欢的。

你万水千山跋涉，日日夜夜寻找，终究会等到一个最适合你的人。

即使没有那个人，你也可以笑傲天下，俯瞰红尘，有机会调戏几个帅哥也是本事。

所以，女人不要怕没男人，因为男人最终会降伏于女人。

吸引才是王道

> 婚姻既然是合作，就需要一个权力平衡。

有人说，婚姻本身就是一场合作。

既然是合作，就存在资源分配的问题，你飞得太快了，就会把对方甩掉；你飞得太慢了，就会被对方甩掉。按这么说，不管两人飞快飞慢，婚姻都要玩完。

事实果真如此？

在热播剧《大丈夫》里，爱上老教授的女博士对老公出轨的姐姐说："婚姻就好比是登山，想当初你们俩去北京的景山公园，你们在山脚邂逅。现在，十多年过去了，他爬到了半山腰，而你还在山脚。此时，他需要一个同路者，恰好半山腰出现了一个年轻貌美的姑娘，还能协助他打理点事业。你说，他是会和那个姑娘一起继续往山顶攀爬呢，还是回山脚找你？"

姐姐听了委屈："我操弄家务，照顾孩子，难道我这就不是付出吗？"这实在是说出了生活中被弃的"黄脸婆"的心声。

女人的确总在无私地付出，但是，这种付出很容易被男人看淡，他会觉得这没什么大不了的。

哪怕你生了孩子，还照顾了他；哪怕你为此付出所有，以至于耽误了自己的事业，成为家庭主妇，最终成为更年期妇女，魅力尽失——他也会认为，那是你自己不思进取，不求上进，而不会觉得那是你在为他自我牺牲。

相反，如果这时候有一个花枝招展的女人，刚好又能与他一起工作，可以一起商讨，可以共渡难关，她便成了他最需要的。

记住，男人永远需要一个事业伙伴、心灵伙伴，他会更离不开那个事业搭档，而不是那个生活中的照顾者，家里的杂务，请个保姆就能搞定。

男人还需要拥有情人、红颜知己的感觉，而许多女性却做了生活伴侣，甚至直接等同保姆。他所要的不是你能给的，只能南辕北辙，越走越远。

那么，怎样才能保持婚姻的持久？

我觉得最好的方式就是不要做全职主妇，不要专职搞家务，不要邋里邋遢，不要放弃自己的事业，让自己的视野受限，没了底气。

女人一定要一如既往的有魅力，要一如既往地性感妖艳，让男人欲罢不能，爱意绵绵。

女人千万不要只会付出，苦了自己，这反而会让男人不珍惜；千万不要为男人放弃事业、放弃生活。如果你也继续干事业，经济独立，把自己收拾得干脆利落、清爽美丽，让他也难以自控，像安吉丽娜·茱莉那样，别的女人想插足也难。

所谓婚姻的本质，当然有许多说法。在我看来，婚姻既然是合作，就需要一个权力平衡。而权力平衡靠的不是强权，而是魅力。在两性关系中，最终吸引人的一定是软实力。当你软实力到位了,你自然就被推举为老大、引领者。

在婚姻中,女人只有永远保持魅力、保持致命的吸引力,男人才会永远依附你、服帖你。所以说,吸引才是王道。

经营婚姻不需要你倾其所有、鞠躬尽瘁死而后已,只要你保持激情,为自己多花点心思,做一个有魅力的女人就可以!

再一次心动

再一次心动是技术,更是心术!

日久生情,但日久也会生厌,所以才会有那么多的人看着对方就烦,那么多人成了仇人,那么多人离婚,那么多人再也不想见到对方。

就人的本性而言,每天面对着同一人,同一面孔,确实会审美疲劳,这已被许多人察觉了。

在朱文颖的小说《浮生》里,被公认为最爱老婆最跟老婆情深意切的沈三白在某一天,忽然就对他的贤惠温柔的芸娘产生了一种嫌弃和厌烦的情绪。虽然这种情绪很短暂,但他还是很吃惊,他怎么就厌倦她了呢,他不是很爱她的吗?

你是不是也有过这样的时刻?

某天,身边的那个人对你说了一句什么话,你觉得他特别不可理喻，他怎么这么固执呢？他怎么这么迂腐呢？你觉得你完全不了解他了，感到非常陌生。那一刻，你是不是很震惊？

或者某天，你看着身边那个人，忽然就觉得她老了，眼角有了皱纹，尤其是发火生气的时候，脸拉得那么长，一点都不好看。

你觉得你都不认识她了，怎么她会是这个样子呢？你难道看走眼了，她年轻时不是大美人吗？

其实，这些都是正常现象，因为人在相处了若干年后，总会产生厌倦的情绪。此时，你该怎么办？

曾写过一篇文章《结婚后，爱情怎么办》。我总结过几种保持激情的方式，其中之一就是不断的学习。当你拥有了新的知识面之后，你知性的光芒会吸引到他，让他仰慕你的新境界。

第二，你要有更成熟的认识这个世界的眼光。你思维敏捷，思想开阔，不迂腐老化，你通达男女两性，让他感觉你是真正的心灵高手，这时候他定会膜拜你。

第三，你可以改变自己的性格，让自己和年轻的时候完全不同，当然，只会越来越好，不是走下坡路。当你完全颠覆原来的性格时，他一定会有惊艳的喜悦。当然，这需要你的毅力。

比如，原先多愁善感的你，现在忽然变得豁达明朗；原先碎碎念的你，现在干脆利落；原先阴柔的你，现在忽然妖艳起来……这些都是新的吸引点。

其实，让他再一次心动的方法很多。爱情是要不断的学习，人生要持续的修炼，只要你不断地完善自己，朝着美好的方向走，他一定会被你持续地打动。那时，他恐怕还担心你甩了他呢！

北京千橡文化传媒有限公司出品

关系
适应复杂多变的人际关系

人是一切的核心,
搞定关系就搞定一切

——盖伦博士

沈家宏主编《家庭密码》、张春
风邮主编《社会工作理论》
穆旭亮翻译《改变你》
深圳市华夏基石《第一推动》
《管理杂志》等刊物,主持人

懂得尊重又懂得爱
搞定关系 = 搞定一切

在另一个时空爱你

在一起，了不起！

朋友一家和公婆，一家五口蜗居在莲花北的六十多平方米的小房子里，连吃饭都会闹气。

为什么？因为婆婆刁钻啊。本来，与两公婆的关系非常好，但自从有孩子后，麻烦就出来了。

请保姆吧，不放心，无奈只得把公婆接来带小孩。

但婆婆非常不省心，不喜欢孙女是一回事，还老爱找碴儿。婆媳关系升级，严重影响了小夫妻的关系。

如果他们有一座大房子，或者他们有两套房子，他们之间的感情绝不会恶化。

据说现在流行的方式是，在同一个小区里，买上下两套房子，既可以照顾老人，又不会产生矛盾，偶尔去老人家坐坐，一起吃顿饭喝碗汤，是无比幸福的天伦之乐。

但如果蜗居在一起，则彼此看着都不顺眼，仿佛八百年前是仇人，让人怎么都快乐不起来。

空间，真的是非常重要的。

多年前，余秋雨就说，为什么上海人小气，因为弄堂里太拥挤啊！十几家人公用一个厨房和洗手间，连放屁打呼噜做爱的声音都能听到，低头抬头都是恶劣的声势，看着能不厌烦吗？

我觉得这是一个研究人际关系的极好角度。

打个比方，你若在乡下住过，你会知道，刚娶来的媳妇和婆婆的关系是好的，但是过一段时间，她们差不多都会吵架闹矛盾，这时候就会分家。

新媳妇撺掇着男人和父母经济划分，搬出去另立门户。当初吵过闹过，甚至打过骂过，但分家之后，关系又恢复到原来样！这就是人们常说的时空。

我之所以不说成距离，就是因为，即使拉开距离，但天天都能见到，那也没有新鲜感的；要是用空间呢，又似乎只强调物理距离。

一段幸福的感情，一段和睦的关系，许多时候，不仅需要拉开空间距离，还要隔开时间。一天见婆婆十几面和几个月见婆婆一次，哪一个更亲呢？

在跨时空热爱方面，大都市人早已摸索出了卓越的经验。

我有个朋友是香港人，在深圳有房子，在珠海有别墅，在东莞还有别院，偶尔还要去澳门住个十天半个月的。

一年365天，他有一大半时间都是在外面度过的，不见爱人的日子，就是想念的日子，回到爱人的怀抱，就是温习甜蜜的时刻。换句话说，我越离开，我越想念，而当我不在你身边，我才最爱你。

没有束缚，来去自由，还有什么比这个更让人向往的呢？

当我觉得想你时，我一定回来；当我感觉需要出去时，我就去透口新鲜的空气。爱与自由全都拥有。

来一场跨时空的相爱，穿越遥远的距离，跨越时间的阻隔，就这样朝你飞奔而去。当你见到我的时候，一定觉得是新鲜的。

只是这种跨时空的恋爱成本太高，非有闲有钱人士实难享受。

但蜗居一族也不用担心，因为还有一句话送给你们，在一起，了不起！

真正的浪漫是探索和陪伴

> 一场未知的旅程中，有爱人的知心陪伴，这难道还不够浪漫吗？

有人说，浪漫已经全部阵亡。

比如，无论男女老少，全都现实得要挤出现金来：男的恨不得找富婆，女的恨不得做小三；男的躲在女人的怀抱受保护，女人骑到男人的头上炫耀富贵。

这种概括显然太极端了。

其实，这个世界上还是有浪漫的，尽管它是一种稀缺资源，稀有矿藏，但终归是有的。

只不过，这种浪漫未必是你理解的那种浪漫。

认识女朋友三个月的时候，她陪我回了家。原本是说带她去安徽旅行的，结果却只回了我家。

而且，我家种了很多玉米，我要去收玉米，她当然要帮忙，没听她说任何累，表现非常好。但回到深圳之后，她跟我说，她做了一辈子都没做过的重活。

两个人，将游玩变成了探亲，原本想看风景的，结果却到农村体验了艰苦生活。你说是累也可以，但谁能说这种体验不算是一种浪漫？

浪漫并非就是坐在西餐厅里。

浪漫也不是他拿着六克拉的钻戒向你求婚，那只能说他是个有能耐且豪爽的男人，他心里也许就想用那六克拉的重量压死你，根本就不浪漫。

相反，为你独家设计的别致婚礼，亲手为你编织草戒指，却是一份清新的小感动。

浪漫到底是什么？

我的朋友引用了卡夫卡的一句话，我觉得挺好的："骑士要起程，仆人说，你没带干粮。他说，我不需要，旅途是那么漫长，如果在路上什么也得不到，那我必定饿死无疑。干粮救不了我的命，幸亏这是一趟确实不同寻常的旅行。"

看到了吗？即使你带了干粮，但半路上也可能吃完。如果你旅途遥远，而你无法找到补给，终究还是会饿死。而真正的浪漫，也如一场未知的旅途一样，你不知道结果，但你会毅然前往。

那是一种探索，也是一种对未来的冒险。而在一场未知的旅程中，有爱人的知心陪伴，这难道还不够浪漫吗？

即使分手，依然让人感念

你不在江湖，但江湖到处都是你的传说！

一切都准备就绪，我将受邀去安徽参加风起中文网发起的中国数字出版峰会和上海书展的签售和演讲。

好久没回老家了，这一趟连续十几天的旅行，我期待已久，所以精心安排了。但家里忽然有喜事，我必须在家里陪歌妮，所以这些行程都被取消了。

因为是重要的喜事，所以我必须留在深圳。上海、马鞍山去不成虽然有点遗憾，但我向来知道什么最重要——家庭在我心里是排在第一位的，事业会有许多机会，多一次签售少一次演讲对我并没有太大的改变。

后来接到香港卫视一个朋友的电话，问我是否在马鞍山。我说没去，他说好遗憾，看到我的讲座安排，很想听。

又过两天，有个作家朋友微信告诉我，一直在会场找我，没找着。问了主办单位，才知道我没去。

我觉得挺开心的，虽然我没去，但有人惦记着，还是蛮有成就感的。北京朋友郁斐儿找我，说她也去了马鞍山，好想见我，因为看了主办方的行程有我的讲座就很期待。然后还要找我合作有声书，让我感到这次峰会还是挺有价值的。

　　风起中文网的朋友则要给我快递证书，让我觉得自己好像真到了现场。虽然没去，我依然很开心，

　　这种感觉真好。

　　这也仿佛恋情的结束，有些人，你明明和他分手了，他还惦记着你，说明你真好。你要不好，他早把你忘记了。

　　但是，那种惦记，那种想念，不是狗血剧情，不是藕断丝连，不是男盗女娼，而是内心的怀念。

　　这种怀念，不是因为美色，而是因为好，善良。因为美色只会让人想要占有，但好却能让人发自肺腑的喜欢，内心流泪。

　　你不在江湖，但江湖到处都是你的传说！

　　你是这种人吗？即使分手依然让人怀念？

女人，嫁给情商高的男人，比嫁给土豪幸福

　　一个男人能给女人带来的最大快乐就是懂她，珍爱她，
　　让她做自己的超级 VIP 客户。

　　一直做情感婚姻研究，因而许多人向我倾诉，其中不乏高端女性。她们说自己不幸福，我很诧异。为什么呢？

　　她们要什么有什么，花不完的钱、身价上亿的老公、想买什

么就买什么，普通女人向往的"刷我的卡""买买买"，她们全不用在意，直接刷就是了。但是，她们就是不快乐。

这不快乐的第一个因素是，老公都很忙，没时间陪她们，这样的她们总有些守活寡似的哀怨。有一个做游艇的男人，他老婆孩子都在国外，常年不见面，他就在国内玩，女友无数。

第二个因素是，男人大都有备胎，女人们多数时候也没办法。有个企业高管，老婆生孩子后四年他没碰老婆，外面有人，想离婚。女人不肯，又无计可施，放手不了。这当然很分裂了。

第三个因素是，他们难以给她们细心呵护的爱。许多男人都是大男子主义，大大咧咧，不懂给女人温柔。这就让人失落。

女人要的终究是温暖，是温言良语，而不是冷漠敷衍。比如，她来例假，身体不舒服，需要你陪。你说忙，拜托她闺蜜来陪她。这不是她想要的，她最想要的还是你的关爱和呵护。

第四个因素是最大的原因，他们大部分不懂她们，信奉给你钱花就够了。给你钱就是在爱你了，这样爱你就够了啊。

可是，女人是需要懂的。如果不懂，也就没有真心的爱。没有灵魂的交流，不是灵魂的伴侣，甚至不能一同成长。

有时候，男人以为他们很爱女人，但他们错了。他们用自以为是的方式去爱女人，却不明白那不是女人想要的。

我有一个朋友，她老公非常爱她，学生时代他就狂追她，后来他们结婚了，在众多追求者里，只有他笑到最后。再往后，他下海经商发大财，也出过轨，但最终收回了心。

她说他真的很爱她，最大的快乐就是让她快乐。他回来晚了，都轻轻地开灯；早上为了让她多睡一会儿，他会起来做早餐；他不让她上班，家里有保姆，什么事情都不用做，但她就不快乐。

她说，他回家就喜欢看财经，不陪她散步，也不旅游，很少一起做其他事情，几乎不出门。她感觉自己需要一个人懂，懂她的需要。

于是，虽然他真的很爱她，但她这么多年一直感觉内心有个空洞。这种空洞越来越大，直到某天遇到一个人，她感觉那个人才是自己的灵魂伴侣。

你看，你爱她，但你不是以她需要的方式爱她，你不是她的灵魂伴侣，所以你无法让她快乐。

如果她懂得珍惜，感恩，理性强一些，也就安慰自己跟你好好过下去。但如果她坚持不住，冲动之下，就可能跟别人跑了。

一个男人能给女人带来的最大快乐就是懂她，珍爱她，让她做自己的超级 VIP 客户。

女人快乐的核心是催产素，当男人把她当做女王，她就会成为女王，就会快乐，催产素狂飙。而男人快乐的核心是睾丸酮，当女人赞美男人时，他的成就感和快乐就会飙升。

什么是情商高呢？就是会做人，能让人快乐，让人舒服，让人愉悦。但更重要的是，要大方，温暖，安全感，有责任，做人处事都非常成熟，稳重，让人喜欢，亲近。

最重要的表现是，要对身边的人好，让身边的人喜欢爱慕，离不开你，这才是成功的情商。

从这个角度来说，林黛玉比薛宝钗情商高，因为薛宝钗无法拥有亲密关系，只能有普通的人际关系。

美国两性专家约翰·格雷举过一个例子，他每次回家，都要以最快乐的心态见老婆，还没到家就喊："老婆，我回来了。"开了门就跑上去，给老婆拥抱，赞美，鲜花，小礼物，交流，让老婆感到被爱，被呵护，被重视。

如果他在写作，老婆让他下去买菜，他一定会去，因为他不去老婆就会觉得自己不被重视。而他去了，老婆快乐，他也快乐。

在这方面，我做得也非常好。

我经常谢绝晚上会客，如果有人约我晚上谈事，我一定会在晚饭后，或者在我家楼下，这样我就有时间陪太太晚餐。

太太要去哪儿我都跟着，不是我没事做，而是我要一直陪着她，将最好的时光都给她。

我们已经相遇得那么晚，时光那么匆促，我想和她拥有更多的美好瞬间，所以我必须天天和她在一起。

科学研究表明，女人只在食不果腹、寒冷饥饿的时候才特别渴望钱。真到了拥有许多钱的地步，钱的快乐就止步了，成了数字游戏，成了多一个零少一个零的数字。

快乐只关于那个人对她的态度、责任和心思，换句话说，那时候她要的是男人的爱。

也许有人不同意，但我可以负责任地告诉你——科学研究表明，一朵花和999朵玫瑰给女人带来的快乐其实差不多——女人的催产素上升的程度几乎一样。所以，情商高的男人从来不会一次性给女人送那么多花，而会分时间地点，一朵一朵地送。

所以，情商高要比单纯的有钱重要，选一个高情商的男人，一个重视你的男人，要比草率地选一个土豪更幸福。

再说了，如果一个男人情商高，他怎么可能会没钱呢？

第六章　最好的爱

爱就是彼此成全

> 海阔凭鱼跃,天高任鸟飞,有了一定的自由与支持,男人才能活得更快乐。

有人感叹,一些朋友,以前一喊他们就出来玩,现在再怎么喊都不出来了。这些人是怎么了?

这些人只是有女人了,仅此而已。

很多女孩都喜欢拴住自己的男人,希望男人永远只陪自己,而不要陪伴别人。这样做的结果是,虽然目的达到了,但其实并不快乐。

像我有个朋友,单身的时候有一大帮朋友,平时也会和大家出去玩,但交了女朋友后,整个人忽然就变了,朋友约他再也不出来了。

酒吧是不能去了，娱乐场所也去不了，因为女朋友会管着的。哪怕别人请他洗个脚，女朋友也会说，有什么好洗的。

也不是女朋友真拴住了他的手脚，而是如果他去了，女朋友就会觉得失落，觉得他抛开了她去陪别人。

有几次，他撒开手出去玩，结果玩过了头，半夜才回家，中间也没给女友打电话。后来，女友幽怨地说，死人，一个电话也不打，害得人家一个人在家里担心睡不着。

原本想反驳几句的，但看她这么真心，如此伤感，他也不忍心了，而且还有股自责感，觉得自己确实不该让她一个人在家。因此，再有朋友约，他就会想办法推掉。

但，老拒绝也不好意思。因此，有时候还是会有出去的念头。就像有一天，有人约他去玩，他也答应人家了，结果快出门的时候下起雨来。

女朋友本来也答应让他去的，但她害怕下雨天的雷声，于是他就不能去了，只好跟人家说对不住，有事去不了。

如此几次，也就没人再约他了。

还有个女生，特别黏人，就喜欢老公陪在自己身边，每天给老公规定了一些时间。比如晚上十一点之前必须回家，如果超过这点，就不给开门；还有，尽量不要去见朋友，因为在她看来，他的那些朋友都是狗肉朋友，他跟着他们，早晚会学坏。

他不忍心顶撞她，只好放弃朋友们的邀请，虽然有点无奈，但也认了。

还有人是担心男人出去花钱，比如，请哥们喝酒了，约女孩子泡吧了……男人出去了，不埋单也不好意思，埋单又太破费，大家都担着房贷、车贷的压力，还有孩子要上学，哪有那么多闲钱出去大方？索性就不让男人出门了，这样就不至于让男人太难堪。

虽然出发点是好的，但长此以往将男人拴在家里，只会让男人与这个社会脱节。而一个脱节的男人，很难有良好的人脉，也就很难有很好的发展。除非他搞科学研究，天生就需要寂寞，需要一个人埋头钻研！

这里得用一句古语来说明问题，放虎归山。如果男人是老虎，关在笼子里只会丧失野性，更会丧失本真。只有放虎归山，虎才会跳跃奔腾、充满活力。

如果说虎的比喻太野蛮，那还有一句：女人是水，男人是鱼，放鱼归于水，鱼才能游得畅快。海阔凭鱼跃，天高任鸟飞，有了一定的自由与支持，男人才能活得更快乐。

爱是最好的美味

只要两人之间有爱，那你们做的饭，便是最美的美味！

看村上春树的文字，写夫妻两个共同打造一餐饭的事，就让我想起前天做的一顿饭。

那天，我正在用心敲字，太太一个电话打来说她饿了，让我赶紧做饭。

我平时根本没怎么做过饭，所以只能听她指挥。

先去买了黑豆，红豆，赤小豆，然后把排骨洗干净，开水烫一下，出水又放上陈皮，就在煲汤的锅里煲了起来。

我想她可能饿了，等不及她回来做饭了，便先洗了生菜，淘好了米和高粱。等她回来，我的汤还没好，她饿得不行，我便赶紧给她削了一个苹果。

可能是她不爱吃那个苹果，吃了三分之一便放下了。梨她也不爱吃。说吃蛋卷吧，我又怕她上火。结果我就接过苹果，给她一点没炒过的瓜子。

我三下两下吃完苹果。她先煮了米饭，等米饭好了，就一人半碗，再烫青菜，同时把排骨汤从煲汤锅里倒出来。

这样，我们先吃了一点儿高粱大米饭，就着烫生菜，最后才喝汤。

太太想去拿酱油和醋放一点在汤里，不料不小心打翻了醋瓶，碎了一地，我赶紧去清洗地板。等我忙完，我们又倒了一点酱油，把几块排骨吃完，喝了一点汤。

太太说汤不够好，我说还是不错的嘛。她说，还好吧，值得鼓励。

我说的是真心话，因为红豆黑豆赤小豆已经熬碎了，都成了粉，加上陈皮的味道，第一次煲汤煲成这样，已经不错了。

关键是，怎么说呢？这顿饭是两个人的杰作，汤是我煲的，菜是我洗的她烫的，米饭是她做的，通力合作，才能做出美味。

这种感觉挺好，我希望以后的晚饭都是两个人合作呢。

就如村上春树在《远方的鼓声》里所写的："我剥着豌豆，妻子用生鱼片刀料理鲑鱼，因为鱼肉实在太鲜美了，我们忍不住就站在厨房里，沾着放了芥末的酱油直接吃了起来。正在大啖生鱼片时，突然开始想吃白饭，刚好还有昨天的剩饭，鲑鱼片和梅渍酱菜于是成了下饭的小菜。吃着吃着还意犹未尽，赶紧再端出花枝生鱼片，肉质软嫩非常可口。我拿煮过的豌豆代替腌白菜，总觉得还是缺少一味，赶紧又煮了一锅味增汤，于是我们就站在厨房里，简单地解决了一顿午餐。"

虽然是简单的午餐，但两个人一起协作，一起付出，分工合作，便也充满趣味。而更关键的是，自己做的饭菜，怎么着都不会难吃。

只要两人之间有爱，那你们做的饭，便是最美的美味！

超级合伙人

世界本来就是由物质在推动，利益在驱动。

还没看《中国合伙人》的时候，就有好几个朋友向我推荐这部电影。其中一个是海归，国际联合国小姐中国区冠军 Grace 李云，她说，你一定要看，因为这个片子展现出了创业过程，对中国人的奋斗有着深刻的解读。

她提到其中一个细节,有人对讲师不敬,讲师的钢丝就群起而攻,将之扑倒。Grace 觉得这个细节很好玩,而我则想起了中国人的劣根性。

另一个向我推荐这部电影的朋友是家庭教育行业的新贵,他说,里面提到了创业的种种艰辛,比较真实。

在他说这些时,一位北京名师与一位企业家正在我旁边讨论中国人的关系。

企业家说,中国人的关系学很有特色。

老师说,现代中国人其实误解了关系,中国人只要处理好五种关系,社会就能和谐。

而这五种关系中,以夫妻关系最为关键,处理好了夫妻关系,就一定能处理好其他关系。比如,夫妻关系处理好,接下来就是父母关系,然后就是兄弟姐妹关系、朋友关系等。

显然,当前国人的关系已经变质,直接简化为利益关系。当人情异化为利害,谁能说这不是堕落?

说到关系,其实《中国合伙人》里也有探讨,比如,最典型的是:千万别跟丈母娘打麻将,千万别跟想法比你多的女人上床,千万别跟好朋友合伙开公司。

这三句话可以说是集中概括了中国人的关系学,既集中普遍,又容易犯错。所以,碰撞之后深刻反思,不能滥用你的关系。

丈母娘搞不好会让你离婚;和智慧比你多的女人上床,弄不好就彻底"掰掰";而与朋友合伙做生意,则是让许多人伤心落泪的痛苦纠结史。

在《中国合伙人》里,三个年轻人一起奋斗,中间历经了各种挫折、成功之后,涉及利益之争,为了股份,为了谁占大头,大家不欢而散。

这就是与朋友做生意的弊端。

尽管有各种弊病,人们还是喜欢和朋友做生意。

一是朋友好下手,二是朋友相对信得过。所以,我们身边的人会说"利益捆绑"。很好的朋友,没有利益捆绑,你们的关系便仅止于朋友,很难再进一步。

当你以为那个人和你有感情的时候,他却说:"我们没有利益捆绑,不能长期帮你。"他要的其实是股份。

当你觉得伤心,以为这世界如此现实的时候,不妨反思:换成是你,没有利益的事,你干不干?当你想通时,你就会释然。

世界本不复杂,只是你想多了。

世界本来就是由物质在推动,利益在驱动,只是你怎么看这个利益。在《中国合伙人》里也提到了这一点,比如"我们要的其实不是利益,而是尊严。"

许多时候,朋友分手,兄弟闹翻,都不是为了钱,而是为谁说了算。为了骨子里的自尊与地位,最后伤害了感情,这是非常可惜的。

电影对这一点做了很好的描述——最感人的是,当公司处于危难之际,曾经分道扬镳的兄弟不计前嫌,全力以赴,使尽各种方法与美方周旋,帮助其渡过难关。

"危难之际显真情",这才是真正的"中国合伙人"。

婚姻是一种柔软的胜利

柔软者，得人心；柔软者，享甜蜜！

一个 80 后小媳妇，信奉斗争哲学，从结婚之初就与丈夫斗，与婆婆斗。结果，丈夫忍受不了这种折磨，整天躲进老虎机里嗜赌成性，欠下赌债后逃之夭夭，让人扼腕叹息。

我们的生活中，有多少这样的女子？

这一点，从影视剧里就能看出——女主角一律是刁钻蛮横的小辣椒，男人全成了蔫黄瓜，一个尖锐犀利，一个软不拉叽。

甚至更过分，女人成了骑在男人头上的悍妇，而男人只能做牛做马，不仅赚的钱归女人管，连身心都被女人禁锢，完全颠覆了过去年代的婚姻关系。

只不过，如果这种颠覆能促进男女和谐还好，麻烦的是，这种颠覆带来的更多是家庭矛盾，甚至是居高不下的离婚率。

在婆媳关系上就更过分，媒体和舆论总在渲染糟糕的婆媳关系，让未婚女性觉得婆婆就是敌人，而一旦结婚就剑拔弩张，和婆婆斗个天翻地覆。

就像那部叫《婆婆来了》的电视剧，光听名字就已经让人感到杀气腾腾。

钱文忠先生认为这是80后特有的情况。"人类历史上从来没有这么多没有兄弟姐妹的孩子，完全是地球上出现的一个'崭新物种'。教育面临巨大的问题，因为没有独生子女教育经验，家庭和社会都难以承担教育责任。"

不管是什么物种，也都有最基本的人际准则。个性强烈，不肯妥协，爱吵爱闹爱挑刺⋯⋯80后"物种"身上的毛病，70后、60后何尝没有？

我们承认80后是特殊的一群，但如果将这种缺点当做理所当然则不免让人遗憾。因为这种家庭"斗争哲学"不仅是80后的问题，还是文化的问题。

婚姻不是打仗，而是两个人合作，一起对抗困难，这就要求夫妻不能打，而应紧密协作。遗憾的是，我们的文化严重夸张了斗争的作用，对甜蜜温柔婚姻关系的熏陶，几乎空缺。

这不仅是文化的问题，更是婚姻的智慧问题。

鬻子说过："要想刚硬，必须要坚守柔软；要想强大，必须要保持虚弱。"任何人际关系，要想甜蜜和谐，最终都必须学会柔软。强硬是不行的，斗争更不行。

婚姻尤其如此，如果一方能学会柔软、平和地相处，另一方感受到了你的温柔，当会更柔软地与你回应。反之，如果你硬碰硬，则只会互相伤害，典型表现的就是日益高升的离婚率。

要想婚姻甜蜜幸福，不仅要柔软，还要学会适当地示弱。

示弱不是让你软弱，而是让你学会尊重人，学会给对方尊严。对方感受到你的尊重，自然会回报你以温柔和甜蜜。

一个婚姻幸福的女教授，她在家里一直喊老公为"王兄弟"。

每当她需要老公帮忙时,她就会示弱,譬如撒娇,或者将老公捧到一个很高的地位,让老公为自己服务。

教授说,将对方架到一个大哥的地位,他自然就会爱你,保护你,疼你,最后受益的人还是你。

柔软者,得人心;柔软者,享甜蜜!

你看,聪明的女人都会示弱,这样才能让老公为你赴汤蹈火。

灵魂的较量

一个人与另一人爱情的长短一定和灵魂相关,灵魂的较量决定了爱情的深度与广度。

一个女作家和我探讨爱情,她说,一直不太喜欢杜拉斯,虽然读过两遍《情人》。她觉得女作家都过于自恋,比如,觉得男人爱你,不仅爱你年轻时貌美的容颜,还爱你衰老后脸上的皱纹。

她觉得这太不真切了,男人哪个不爱年轻漂亮?

我说,那也未必。杜拉斯年老的时候,就有一个男人来爱她。那个男人叫安德烈亚,在她六七十岁时来到她身边,一直照顾她。

他崇拜她,喜欢她,不管她是衰老还是生病,甚至她酗酒昏迷不醒的时候。他就是奔着她来的,他爱的是她的灵魂。

只有灵魂才会这么长久。

中国女作家丁玲也是这样。她比她丈夫陈明大十三岁，许多人觉得这是大女人小丈夫的组合，其实不是。

有人写丁玲传记，其中一个细节是："丁玲打乒乓球的时候，把呢子大衣往后面一甩，她丈夫就赶快伸手接住。"

作者的语气有点轻蔑，好像这是陈明在做小丈夫，但我宁愿把这理解为陈明对丁玲的细致关爱。

陈明与丁玲两人虽然年龄悬殊，但他们有共同的经历，两人都是文艺青年，也都是革命青年。

丁玲享誉世界的长篇小说《太阳照在桑干河上》的手稿，上面竟有陈明的笔迹，这说明陈明曾陪伴丁玲写作过这本书。

陈明本人也是剧作家，出过唱词故事，与丁玲合作过剧本《窑工》；陈明还是革命者，他在十九岁时就入党，是"一二·九"运动上海中学生抗日救国联合会的创始人和领导者之一。

他与丁玲的结合既是文艺的结合，也是革命的结合，他们的心是一样的，灵魂是一致的。热爱灵魂才能走得久远。

多年前，我在上海时，吴宗宪就说过一句话，令我至今印象深刻："以色交者，华落而爱渝。"这让我觉得吴宗宪并不是只懂娱乐的人，还是了解人生的人。

没有灵魂的爱，最终都会因为外在的东西改变而衰落，这是显而易见的。

盖茨比爱黛西是一个痛苦，就是因为黛西是一个没有灵魂的人，或者说她的灵魂是金钱。连她的表弟都看得清楚，但是盖茨比看不清楚。

爱一个人的灵魂，前提是你们两个人得是对的人，有共同的趋向，就如陈明和丁玲。丁玲曾说："人家叫我作家，我还告诉大家一个秘密，我们家里还有一个'改'家。"

爱一个人的灵魂，就会一切都想着他。

丁玲弥留之际，最牵挂的就是陈明，1986年2月12日，刚从昏睡中醒来的丁玲对秘书说："今天我总做梦，梦见有两条鱼，我一招呼，这两条鱼就合成一条，就是我和爷爷（陈明）。"她托付友人："我死了，陈明的日子不好过，你们帮他介绍一个对象。"

如果没有灵魂的爱，你怎么舍得让他去找别人？你宁愿他孤单——这是狭隘的爱。

爱一个人的灵魂，即使她年华老去，色衰貌凋，在你心里，她都是最好的，最棒的。而那些华丽的外表，只会在岁月里随风吹打，烟消云散，到那时，你还爱她什么？

所以，一个人与另一人爱情的长短一定和灵魂相关，灵魂的较量决定了爱情的深度与广度，没有灵魂的爱只会半途夭折。

让他深深地爱慕

真心地为他着想，让他觉得你深明大义、温柔体贴，他才会深深地爱慕你。

女追男，隔层纱。

这俗话说得轻巧，在实践中其实还是要讲一点策略的，既要能表明心意，还不能丢了面子。

如果你注意上了一个男人，而他还没注意你，你该怎样赢得他的关注？

朋友美女小宝最近喜欢上了隔壁公司的一个帅哥，但是打过很多照面，人家也没正儿八经地看过她一眼，怎么办呢？

在经过调查确定这位帅哥还没有女朋友后，小宝暗下决定，一定要想办法让他认识自己。

说来也巧，那日，同楼的单身男女相会，小宝主动跟帅哥打招呼，说："你今天的领带很好看，我上次见你，你戴的是条蓝色的，没有这条衬你的气质。"

帅哥很惊讶，但片刻之后，他的脸上就露出了愉快的笑容，并说自己其实也一直在关注小宝，只是没任何机会搭讪。然后，他们还互留了电话，聚会结束，帅哥主动提出要送小宝回家。

你看，初相识，赞美就有这么大的魔力。

那么，在获得对方的注意之后，接下来该怎么发展呢？

我认识一个女生，她和一个男生认识十多天。

某天，那个男生打电话给她说，他喝醉了，胃口非常不好，啥都吃不了。

女生二话没说，请了两小时假，回到家给他煲了白粥，端给他后又去上班了。

后来，他们的关系飞速发展，一路突飞猛进。

原来，是她的那碗白粥让他看到，她是一个多么好的姑娘，他觉得自己必须娶这样的姑娘。

相处是一门艺术，细心会为你加分。

如果两个人正式恋爱了，有没有更好的方法让他深深地铭记你？

我有个同学，有一次她和男友一起去参加朋友聚会。

饭桌上，大家都喝酒，刚巧男友感冒，喉咙发炎，不能喝，但是朋友们又都敬酒敬得厉害，怎么办呢？同学只好自己顶上，每当有人敬酒过来，她都举杯干尽。

男朋友看得诧异，但看她没事，以为她酒量大，也就没说话。饭局结束回家的时候，她忽然醉倒了，男朋友只得把她背上车，等回到家，她完全醉了。

原来，她平时是不喝酒的，但看着他的朋友都过来敬酒不喝也不好意思，于是就代他喝了。

一份勇敢，让他万分感恩。

如果你们已经成为甜蜜的恋人，或者已是夫妻，那么，怎样让他更深层地爱慕你呢？

有个好方法就是对他的家人好——他的父母、兄弟姐妹，要经常一起回家去看看他们，和他们亲切和睦地相处。

逢年过节的多送一些礼物，比如从网上下单，买一些食材、茶叶之类的，或者保暖内衣、保健品，送给他们。

没事也要打打电话，多唠唠亲情，让男人感觉你是真的喜欢他的家人，大家相处融洽。这样他会更加爱你。

总之，女人要想赢得一个男人的心，要先学会付出。只有真心地付出，真心地为他着想，让他觉得你深明大义、温柔体贴，他才会深深地爱慕你。

我们的胃,我们的爱

当你填饱了对方的胃,且让他的心灵向你靠近的时候,
他已经被你征服了。

从前我不是特别注重吃,大约是由于小时候饿惯了的缘故。只要能吃饱,我便觉得无所求。许多普通餐厅的饭菜,街头小吃,甚至垃圾食品,那时候都不知道吃了多少。

对我来说那时候,人生只有一件事是最重要的,那就是写作。当时我除了上班就是看书写字,如果还有什么迫切需求的话,那就是爱情。

而吃,只能排到最后。所以,往往都是到了十二点多,或者一点多的时候才去吃中饭。因为不知道吃什么,便不肯下楼,外卖不想叫,能推迟就推迟,拖到最后终于饿了才下去找吃的。

但是,这时候胃已经饿坏了,晚了。只是,当时哪顾得上这些呢!

我真正开始讲究吃是在遇到我太太以后。她是广东人,对吃有着天生的敏感。她爸爸特别会做菜,有自己的私房秘籍,而她在煲汤和做菜方面也超级有天赋。

尤其是她做的糖水,那是我在任何甜品店里都没吃过的美味。

她做的汤更是融合了私家风味，不仅滋补，更能温暖心灵。这是爱的味道。

在太太的感染下，我渐渐开始研究起吃来。比如，一道菜是怎么做的，有什么特色，它的食材来自哪里，单独做会怎么样，怎样搭配最好，有没有更好的做法，吃起来怎么样，等等。

这里面的讲究太多了。我开始喜欢上了菜市场，去超市会不断地研究那些食材、配料，连广告语和产地、品种介绍、做法都不放过。

我也开始关注美食图书、电视栏目，一切和美食相关的事物都变得美好了起来。这种吸引发挥了神奇的作用，我变成了一个美食达人，于是我的写作便多了一个方向，那就是美食爱情。

不仅如此，美食也成了我和太太之间新增的话题，它调剂了我们的生活，保鲜了我们的爱情，让我们过得更甜蜜了。比如，我们会一起看美食节目，一起寻找大餐，一起验证某家餐厅正宗与否。

当我们异口同声地说，这家餐厅不行，糟蹋了食材。当说这道菜还不错，比较淡雅的时候，我们的胃口渐渐地接近了。

我们看到电视节目里大厨炒菜时放了很多味精、鸡精，便感叹，放这么多！看到大厨煎炸出来的焦黑的鸡腿或海鲜饼，便发问，那能吃吗？

的确，我们越来越注重食材是否新鲜、正宗、营养健康，越来越重视菜肴是否原汁原味。简单的食材，简单的做法才是最好的，如果需要放很多不够健康的调味料，那我们宁愿不吃。

不仅如此，我们的人生观也发生了变化。

以前，我总是把餐厅里点的菜吃完。现在，太太如果说，这食材不新鲜，别吃了，我绝对不会再吃。

　　我们从不打包，因为有些食材打包回去也就变质了，食物的保质期有限；我们不喜欢餐厅送的食物，觉得那些东西都不知道放多久了，因为便宜没好货；我们也不稀罕餐后水果，因为许多水果都洗得不干净。

　　当一家餐厅不能让我们满意时，我们会撇下刚点的菜肴，去找另一家信得过的餐厅。

　　就这样，我们终于在胃口相似的基础上达到了生活方式、人生观的一致，我们渐渐地变成了同一类型的人。这样的我们是合拍的。

　　所以，吃是多么重要。

　　当你填饱了对方的胃，且让他的心灵向你靠近的时候，他已经被你征服了。而当两个人在吃上有了默契，他们也才一定能爱到一起！

我们都是一样的人

　　很多表面上看似不搭调的人，内心其实是一样的。

　　学生时代，我看过一部新加坡电视连续剧《天涯同命鸟》。

我喜欢那里面的故事，无论是兄弟情还是男女爱，都让人觉得有种古典的感觉。

虽然主人公所处的时代已经是新时代了，但他们都比较重情义。虽然那里面也有坏人，但兄弟之间，恋人之间，还是有真情在，这是打动我的地方。

多年后，我重看《天涯同命鸟》这部电视剧，发现这个片名可以用来形容爱情。

恋人就是一对天涯同命鸟，难道不是吗？你们一起在人世的风雨里飞，飞往天涯，飞往时间的尽头，这就是你们一生的爱情。

所谓同命，就是你们都是一样的人。这世间大约有两种人，一种人找和自己相似的人，另一种人找和自己相反的人。

许多人都这样说。

但我发现，这其实是个误解，他们都被表象欺骗了。因为，我们终究找的还是和我们一样的人。

譬如我现在的爱人，我曾经以为我和她是那么不同。我们俩一个是安徽人，一个是广东人；一个喜欢文学，一个压根就不爱文艺；一个喜欢游戏，一个从不玩游戏；一个信奉完美主义，一个随性散漫；一个严谨，严肃，传统端庄，一个只想写点感性的文字，过一下放浪形骸的生活。我们真是太不同了。

有时候，她端详着我说，你这个安徽佬，我怎么就看上你了呢？我则说，我实在看不出游戏有什么意义，你为什么不能读点文学名著，也好和我多个共同话题呢？但是，我们依然本性不改，各行其事。

外表看来，我们是没有共同爱好的，是不同的人。但有一天，我发现我们其实是一类人。

譬如，我们都是最爱家庭的人。在我们的家庭里，我们都是最核心的人，在家庭成员之间起着最关键的作用；我们都特别孝顺，给父母的关爱总比其他兄弟姐妹要多；我们关心别人，有时候胜过自己；我们承担了许多的压力，藏着许多心事，虽然很累，但我们没法不这样。

这个发现让我惊诧。真是应验了那句俗语：不是一家人，不进一家门。

再仔细回想一下，我发现，这些事从恋爱最初我们就已经知道了，就是因为我们是同一类人，我们才走到一起的。比如，我们都善良，都不会趋炎附势、谄媚巴结，都讨厌虚伪，都厌倦职场人际，都是不太会保护自己的人。有时候也不免担心，我们以后怎么在这个复杂的世界生存下去呢？

或许正因如此，我们才躲藏到自己的小世界里，成了同样寂寞的人。恰巧有一天，我们偶然相遇，于是我们相爱了。而其实，我们早就已经熟悉了。

因为我们是一样的人。

展开了说，其实很多所谓找"异类"的人，都是在找同样的人，只是他们被表象给蒙蔽了。那些所谓的脾气、爱好、兴趣不同等等都是浮云，关键是内心本质相不相同。

明白了这一点，你便会发现，很多表面上看似不搭调的人，内心其实是一样的。而那些完全不同的人，他们很难走到一起，即使机缘巧合走到了一起，也多半走不长远！

向父辈学习爱情

虽然父母辈的爱情未必完美,但他们能风雨搀扶地走完一辈子,还是有许多值得我们借鉴的地方的。

章子怡曾经为《中国梦想秀》做过一次圆梦大使。

当时有一对老夫妻,他们已过了翡翠婚,让人非常感动。老夫妻本想去电影院看《最爱》,怎奈电影已经下线了,他们于是就看了《熊猫功夫2》。有网友拍到他们的照片,感叹道:"看到他们之后,又开始相信爱情了!"

看到如此恩爱的老夫妻,章子怡感慨道:"我不相信轰轰烈烈的爱情,也不需要,我需要的是平凡、踏实、细水长流的感情。我现在依然相信爱情、期待爱情,如果以后能遇上这样的人,我会好好珍惜。"

如果说前面的话还可能是公关语言的话,那最后一句就是真情流露了,她说:"我从自己的父母身上学会了对爱情彼此都要珍惜。"

是的,父辈那一代人有许多爱情启示留给了我们。

第一是,父辈人找对象大多都是相亲认识的,有的还真是父母之命,媒妁之言,但也不见得他们就不幸福。特别是那种后天培养出来的感情，是慢慢地一起成长的。如果没有一起成长，一起进步，那么再喜欢的人最后也会分道扬镳。婚姻是一次长征，如果没有一起成长的经历，是很难走到头的。

　　第二就是，父辈人大多都有磕磕绊绊，他们一生难免吵架，但是吵架归吵架，吵完后还是会和好。这就是父辈的智慧，因为他们知道，爱人之间不可能没有磕碰，既然避免不了，那就直面它。如果一发生点小歧义、小矛盾就离婚，那有多少婚也离完了。现在有许多年轻人连续离婚三四次的，就是这种情况，他们的思维习惯跟谁都处不长，形成离婚惯性了。

　　第三则是父辈人的包容。年轻人大都接受了新鲜的观念，保持了太多警惕，一旦有什么风吹草动，对自我不是最有利的，便坚决杜绝。比如，对方的缺点牢固地长在身上，就好比山在那里，想移山费力不讨好。但是，如果你们能跨越那座山，或者在山上种花植树，就会改变山的生态，同时也改变了你们的关系，这比直接改掉他的缺点要聪明多了。

　　父辈人看重忠诚，跟了一个人就跟定了，哪怕他有缺陷，也还是认可他。但是我们现在的年轻人，哪怕是关系挺好的夫妻，受到诱惑，还是会轻易出轨。这就让原本纯净的关系掺入了不忠与背叛的成分。

　　归结起来，出轨并非是生理需求，而是心理脆弱的表现。所以许多出轨都假借人性之名，以不可抵抗来解释，其实是内心不够坚定。

　　此外，父辈人最让我佩服的地方是，他们更珍惜感情。现在的人能获得的东西太多，就像数码产品一样更新换代太快，早没有了珍爱最初一款产品的情怀。他们对爱人也感染上了这种追潮流的怪病,朋友们见面,问的不再是吃饭了没,而是离了没。

这年头,离婚似乎是件荣耀的事,不离反而老土。离婚是魅力的体现,不离反而是吊死在一棵树上。这真是新鲜的时代。

总之,虽然父母辈的爱情未必完美,但他们能风雨搀扶地走完一辈子,还是有许多值得我们借鉴的地方。想爱情顺利的朋友,不妨学习一下父母辈的优点吧!

幸福的女人都是吸血鬼

吸取男人的精华,吸取正能量,让自己丰盈,活力充沛,成为一个散发魅力的女子。

一个女子,中专毕业,在珠海的一个小镇文化馆打工。开始只是打扫卫生,后来她开始写点东西,渐渐地得到了领导的重用,再后来被破格提拔,从此专门写文书,一步一步不断高升了。

如今,她是珠海一个区的文体旅游局局长了,还创办了珠海市著名的文化讲堂,经常请专家学者来珠海讲课,主办各类读书文体文艺活动,给市民奉献出了丰盛的文化大餐。

她的爱人则是珠海区委的一个重要官员。她刚生了孩子,可以说是事业成功,家庭幸福。

所有见过她的人都觉得她是富二代。事实上,我第一次受邀去给他们的活动做评委的时候,也这么想过。

我想她一定是珠海当地人,父母为官,或者是这里的土财主,然后凭借家庭的优势被安排在这个工作岗位上。不过,相较于其他类似被安排的人,她是比较有想法的人罢了——她做事干练,头脑聪明,人漂亮又有气质,让我感叹,并非所有的公务员都平庸乏味,至少她是有想法的人。

我后来听说了她的故事,就是开头那段叙述。我当时完全被震惊了,因为她只用了十年就让自己的人生来了一个大转变。

如果她是富二代或官二代,那我会觉得正常;如果她有很高的学历,那做这个职位也还可以理解,但她原先是那么平常,却可以拥有今天的成绩——一般人可能扫地的还在扫地,打工的还在打工。她的进步是有多大!

我并非被她的职位所折服,我只是觉得她的人生实在变化太大了,而她能有今天也和她的善于学习分不开。即使今日,她都还在读深大的研究生班。这就是她改变命运的最大秘密。

她的人生,让我想起一位做文化讲堂的朋友。

这位朋友因为和专家学者接触多,又很善于吸收,几年下来,自己也积累了许多能量。一次,受邀专家的飞机延误,而讲座又不能取消,情急之下,她就上台缓和观众的情绪。没想到,一出口她就赢得了阵阵掌声。

专家左等也不来,右等也不来,她就一直说下去。直到讲座结束,专家也没来,而所有的观众都忘了专家,全被她的精彩演说折服了。她演讲的题目就是《我所知道的专家们——》,趣味横生，精彩绝伦，平时吸收的能量全都派上了用场。

其实，爱情又何尝不是呢？我观察了一下，几乎所有幸福的女人都有正能量，不幸福的女人则往往被负面情绪包围。而正能量并不一定就是天生的，也可以通过后天的努力形成。

打个夸张的比方，幸福的女人都如吸血鬼一样，善于吸取生活的精髓，吸取男人的精华，吸取正能量，让自己丰盈，活力充沛，成为一个散发魅力的女子。

我的心里住着一片云

无论你是欢迎我，还是怠慢我，我皆不看重。

生活经验匮乏的我有时候会惹太太歌妮生气，这真是没办法的事。我向来笨拙，不管精神世界怎样开阔，多么辽远，一旦碰到煮饭、拖地、修马桶、开车、装家具这些事，还是会让我头疼。

有一次，歌妮让我煲汤，本来要放桂圆的，我却放了元贝。那是松茸煲鸡汤，加桂圆是锦上添花，放元贝却是喧宾夺主，让松茸都染上了海腥味。只是桂圆和元贝实在太像了，实在不好分辨。

还有一次，歌妮从娘家带了鸡汤回来，鸡汤凉了，在陶罐里用水煨着。保温杯热乎乎的，放在洗手台上，我也不知道详情，直接将保温杯里的水倒出来当汤喝。

歌妮说这是鸡汤吗？怎么颜色不对？我一看才发现，果然很淡。望着我干的蠢事，歌妮显得很无语。

那一刻，我也是非常抱歉的。可是，我的心思不在这里。我每分每秒想的都是文章、标题、主题、思想，因为每天都要写东西，每天都想着怎样突破，琢字磨句，行文成意。

你以为写作那么容易吗？

所以，看我文章的人，你们千万不要以为理所当然，好像我真的下笔如神，十分钟就能搞定。即使是，那也是我平时思索了很多才有的灵感；即使是，那也是我内心酝酿了好久才成形成的。你看到的那些妙笔，那可都是我耗费生命和精力想出来的。

为了写这些文章，我生活中没少犯错、惹歌妮生气。有时候也觉得自己挺过分的，怎么像个生活白痴呢？

但是，不管怎样，不管遇到多少挫折，不管有多少不顺心，不管有多少沮丧，我依然会开心。当时的沮丧，最多持续两三分钟。而歌妮也是个好人，有时候被我气得爆炸，但十几分钟过后，依然会关心我。

就如那天，一件小事让她看不下去了，她很生气。我很惭愧，只能无语，保持沉默。但是那种感觉实在太压抑，我不希望有那样的氛围，想放音乐调解一下车里的气氛，但是她不想听。往前开，到了十字路口，我忽然发现前面的天空有一大片好白好白的云，奇特、壮丽、纯洁、宛如雪山，我的心一下子开朗起来。

我说，你看那云好漂亮。她真的抬头看了一下，然后我看她的眼神也闪过一丝快乐。是的，有时候，我们内心的烦恼会因为美好的自然风光而消散。

而我的心里，其实也还真住着一片云。

平时人家怎样对我，宠我，辱我，我皆不惊。无论你是欢迎我，还是怠慢我，我皆不看重。我已经原谅了世界的粗暴与残忍，我也同样会原谅世人的粗俗与无知，甚至差劲与恶劣。

世事如烟，而我的心里住着一片云。

真喜欢你的人

如果一个男人真爱你，哪怕死他也愿意，他怎么可能会轻易就离开你呢？

你有没有遇到这样的情况：你身边的那个人都快和你结婚了，有一天她却忽然对你说："其实，我最喜欢的还是他。"

那个他可能是她的初恋，也可能是曾经的一个追求者，还可能是她喜欢而没有得到的人。

如果你继续研究，你会发现她所难忘的往往是他的好。

比如，他是温文儒雅的男人，很有风度，以前经常给她邮寄红茶，每次约会都会送她到家门口。

再如他从没强求过她，甚至当他来问她是否有男朋友，她说有人追他就走开了……凡此种种，都成为他的好了。

但是，那真的是好吗？我非常怀疑。就如一个人说他喜欢你，可你只是告诉他你有人追，他就跑开了，那他是真爱你吗？

也许你会狡辩，他是个害羞的人。可是，当一个男人真的喜欢一个女人时，他是会勇敢追求她的。何况，她只是说自己有人追，又没说有男朋友，又没说确定关系，又没说结婚了。

再退一步，一个美女，怎么会没有人追呢？

所以那个男人的爱，真的是值得怀疑的。

在我看来，一个男人真喜欢一个女人，他会用尽一切力气和别人抢，和别人争，甚至打架决斗。他的心里全是你，没有你就过不下去，为了你会不惜和全世界为敌。

这种爱虽然疯狂，但却让人喜悦。

一个男人真喜欢你，他就会调动起自己的全部勇气，激发出全部的力量。他哪在乎世俗的流言蜚语，哪管他人闲言碎语，甚至连暴力武力都不怕，刀枪剑雨也不怕。

有一个朋友是湖南人，当初他为了把他太太抢到手，曾被十几个人群殴，但他都无怨无悔。

他说，为了最爱的女人，即使万箭穿心他也愿意。

一个男人真喜欢你，他会忘记其他的女人，他会只盯着你，只打你的主意，天天想的也都是你。

如诗经里唱的："求之不得，寤寐思服。悠哉悠哉，辗转反侧。"白天想你，晚上还想你，醒着想你，梦里也都是你。

当你占据他的头脑与心灵，你觉得他怎么会轻易就走开呢？

一个男人真喜欢你，他一定会纠缠你。他就要得到你，哪怕你不喜欢他，哪怕你讨厌他，哪怕你打他骂他，他还是黏着你。

他就如哈巴狗，打也打不走，踢也踢不跑。他是你的影子，你走哪儿他到哪儿；他是你的保护神，永远呵护着你。

情不知所起，一往而深。生生死死，死死生生。

虽然说得夸张了，但如果一个男人真爱你，他是愿意为你做任何事的，哪怕死他也愿意，他怎么可能会轻易就离开你呢？

你无须在意所有人

如果随意对他人大放厥词可以让自己活得好一点，那谁还需要勤勤恳恳地工作呢？

有个学生急切地问，有男生微信将她屏蔽了是什么状况。

我问她什么情况。

她说，是一个不太熟的男生，她在华为的同学介绍的一位海外同事，之前有过微信交流，后来她觉得应该男生多主动才是，就联系少了。今天想去他微信圈逛逛，发现他屏蔽了她。

我说，什么状况倒不用追究，他既然屏蔽你说明你们没缘，连朋友都做不成，这样的人要他做什么呢？

我也会遇到一些人，他们也会屏蔽我，但是我丝毫不会感到焦虑，因为那是他的问题。

比如今天有个陌生人加我，附言说是我的粉丝。我看着名字有点熟悉就通过了,她的微信名是汉语拼音WANGLIQIN。

通过之后,我问,是深圳读书会的WANGLIQIN吗?因为我记得读书会有个小姑娘,做过我签售会主持的好像也叫WANGLIQIN。

结果这个人说,"难道你的朋友里就没有叫WANGLIQIN的吗?"然后,她删除了我。

我有些莫名其妙。

你看,她本来说是我的粉丝,结果却删除了我。喜欢与陌生之间,就隔了一线。那一线,有时候反映了一个人的境界。

比如另一次,一个女生给我留言,让我寄几本书给她看看。我说,如果喜欢可以去当当网购买。她估计觉得我这是拒绝,伤了自尊,于是把我删除了。

如果是我,我会说:"这样啊,那不好意思了!"或者,"那我去当当网看一下哈!"其实完全不用去,也就敷衍过去了。

这么简单的事,她为什么不做呢?

而且,回过头想想,她为什么会让我给她寄书呢?如果是我,压根就不会让一个作者给我寄书:第一,我和你不熟;第二,即使很熟,需要的话我也会自己去买;第三,就算你开了口,我如果说没有了,应该不好意思的也是你。

这其实没什么,笑一笑就过去了,何至于要删除一个人呢?她是觉得别人拒绝了自己,内心容不下那个让自己没面子的人。或者她觉得这人怎么这么抠,寄个书都舍不得,于是就删除了。

但是她却不去考虑,人家为什么要给你寄书呢?凡事从多方面想一想,人就会成长很多。

我最近看到一句话，觉得挺好："别站在你的角度看我，我怕你看不懂！"这真是金科玉律。

许多时候，我们喜欢站在自己的角度去看问题。

比如，喜欢一个人，是因为她符合了我们所有的想象，符合我们的思想。不喜欢一个人，是因为她不符合我们的某些准则或行为规范。

比如，一个人和你思想一致，风格相似，你便很喜欢他。而另一个人与众不同，特立独行，风格和你完全不一样，你就觉得人家不好。

所谓好与不好，不是按一个人的才华和品格来判断的，而是根据那个人是否和自己一致来决定的，这其实是一种狭隘。

这也反映了一个人的心胸，他缺乏接纳别人的胸怀。不能接纳便不会快乐，不接纳便会衍生许多是非。

在这方面，我从来不会犯低级错误。

我总是更喜欢和我不一样的人，更喜欢与我完全相反的人，哪怕他有点邪气，有点小坏，但只要不坏得离谱，我觉得都可以接受。

我会客观地看他，甚至看他的优点，我不会因为他和我不一样就否定他，也不会因为他有缺点就烦恼。

关于喜欢与接纳，最典型的表现在于大众对明星的态度。

比如，我经常看到有许多人把范冰冰形容为花瓶，用词也极为猥琐。讨厌与喜欢都不是因为她们的作品，而是她们没按自己的规范活。

但是，你是谁呢？别人为什么要按你的规范活？如果按你的想法，别人岂不没有如今这般风光了？

所以，这种辱骂里往往带着嫉妒、自卑、愤怒、不平，所谓看不惯、鄙视、瞧不上，有时候不过是因为人家活得比自己好。

可是，这多奇怪啊，如果你想过好生活，为何不去发愤图强呢？如果随意对他人大放厥词可以让自己活得好一点，那谁还需要勤勤恳恳地工作呢？

所以，无论是对亲近的人还是陌生的人，我们都应该保持最起码的尊重。同时，我们的确不需要太在乎别人的恶言恶语。

有人愿意挡子弹，有人愿意买早餐

你想要什么，你实现了，这就是你的幸福。

都说衡量一个人是否爱你有两个标准，确切地说是针对两种不同人群。对有钱人来说，要看他陪你的时间有多长；对穷人来说，则要看他给你的钱有多少。

因为有钱人最缺的是时间，而穷人缺的是钱。

这么说似乎有点武断。简单粗暴地将人分为富人和穷人，有点不妥当，但现实中还真的有人这么干。

有个朋友某天从北京来看我，她说她老公原先一个月几千块钱工资，她从来没让他拿出来过，他也没主动给。后来老公出轨，她伤心地将他赶走了。对她来说，不需要男人养家，只要男人不乱搞她就很知足了。

可是她堂妹不一样。她堂妹嫁了一个非常有钱的人，据说是富二代，很花心，天天不回家。

可是，堂妹觉得挺好，还在亲戚面前炫耀，觉得自己找了一个富二代，很有面子。

我说，那样不悲哀辛苦吗？明明没有爱，要那么多花架子做什么？朋友说，没办法，堂妹从小就爱慕虚荣，即使对方花心，她也能忍。

这就是亦舒说的，幸福就是求仁得仁，要雨得雨。你想要什么，你实现了，这就是你的幸福。

同样的事情放到另一个渴望被关爱的女生身上，就觉得受不了。但朋友的堂妹可以。

朋友 S 则更奇特，她一心想做总裁夫人，嫁的人得是上市公司董事长。目标清晰，定位精准，那就去企业家群体里寻找吧，各种商学院、财经投资峰会，都是她狩猎的场地。

对于那些没有前景的小白，或者帅得一塌糊涂的男模，S 一概没有冲动。

我说，那个男模蛮帅的啊，你就没感觉吗？她说不喜欢，帅有什么用。再说，看起来比较阴，煞气太浓。暖男呢？也不喜欢，"再说，又没什么大发展！"

相对于外貌，S 对钱更有激情，所以她最终找了一个上市公司老总。但是，这个老总可不是省油的灯，在她出国的时候，他找过小三。她觉得很恶心，但还是认了。

后来他彻底出轨了，她这次真愤怒了，想分手。

最后男友来认错，她赌气了十几天，最后问男朋友，出轨有没有经济损失？男友说没有。那么，有无得病？男友做了体检，没病。那好吧，原谅你。

S坦言，其实心里也挺恶心的，像吃了苍蝇一样。但是想想，也没有比他更有前景的了。何况她还有他公司的股份，已经战略联盟了，只有认了。

其实S之前也跟我抱怨过：她生病的时候，他出去玩。她打电话说想见他，他说："自从认识你之后，我就没怎么玩过，我要多玩几天。"如此不贴心的男人，要他干吗？

但S还是要他。因为他能给她上流社会的一切。比如，去国外度假，去哈佛商学院游学，带她妈妈环游世界。S说，还是我找的男朋友好，有眼光。因为她要的就是这些。

而另一些人则要温馨甜蜜的生活。比如一个朋友，当初答应嫁给一个男人，就是因为那男人半夜出去给她买薯片。

一个时刻想着你的男人，也是有致命的吸引力的。

还有一个朋友，每当看到好看的风景都会拍照发给太太，吃到特别好吃的总会打包给太太。太太生病的时候，无微不至地照顾，时刻围绕在她身边，端茶倒水，心疼她，照顾她。

有人愿意为你挡子弹，有人肯给你买早餐。但也有人只给你大把的钞票，黑卡，随便花。关键是，你选择了哪一种？

其实能拥有一种已经算是幸运了，最起码求仁得仁，你渴望的已经实现。怕就怕，你想要钱，没有钱，想要爱，也没有爱，那才真的悲惨。

帮一点，刚刚好

物以稀为贵，奉献也以少为贵！

有个朋友，我曾经主动为他做过许多事情。帮他修改文字，帮他宣传公司，给他扩展人脉，他一直说感谢。

我自己也想请他帮忙，建立另一个人际关系。

但我一直觉得，我应该先帮别人，等我帮别人做好了事，别人感谢我，自然就会帮我。

时间过去了很久，我该帮的忙也都帮了，朋友却从来不主动开口帮我的忙。等我说出来的时候，他却很敷衍地说他会尽力，尽到最后也就不了了之了。

另一个朋友，我一直也很重视他，从没亏待过他，对他非常好，好到让我朋友们都觉得不理解："你有必要对他那样好吗？我没觉得他是个靠谱的人啊！"

可是，我还是依然对他好。而他承诺对我的好却总是做不到，一拖再拖。

我对他的好，他似乎觉得理所当然，似乎我就应该对他那么好。有一天，我把另一个朋友介绍给他了，那个朋友只是帮他做了一点事，他却在我面前念叨着，说人家多靠谱……

你看，凡是你帮别人做的那些事情，别人很快就忘记了。他觉得你自愿，应该，理所当然，那是你的事。

当你不主动为他做事，当你需要他来求你的时候，他就会觉得你很有价值，他就会重视你，珍惜你，觉得你帮他做了一点事，就是对他好。

而你主动奉上的好，那是一钱不值的。

人与人的关系就是这样，做得多便没价值了。相反，大部分时间不问津，偶尔帮一下小忙，则会让人惦念深刻。

归根到底，人都是麻木的。

你做多了，他就习惯成了自然，再不考虑要不要回报你了。直到有一天，你恍然大悟，不再像以前那样对他好了，他才发觉你这人怎么变了呢？

圆通的人都明白，好东西不能一下子给得太多，太多了就是便宜货。只有无价值的衣服才会大减价，你见过奢侈品大降价吗？有价值的人，从来都是别人求他帮忙办事，何曾见过他主动帮别人忙？

爱情，当然更是如此。

你主动地付出很多，便会被对方当成是理所当然的事，到最后便成为"看不见"的事；而一向不怎么付出的人，偶尔来点小浪漫、小惊喜，都会让对方感动一辈子。正因为平时不做，偶尔那么一下子，才难得嘛。

物以稀为贵，奉献也以少为贵。在人际圈里奉献多了，太主动了，便是无私。你都无私了，别人还回报你什么呢？

总有一个人会来深爱你

> 这世界是公平的，每个人都有深爱的人，也都有被深爱的可能。

有一天，一个小弟打电话给我，我问他最近在忙什么，他说忙着做爸爸。我问，你几时结的婚，怎么就做爸爸了？他说是真的啊，不骗你。我这才相信，他真的结婚做爸爸了。

一年半前，他和一个女生分手，非常沮丧，连城市都换了，头也不回地去了上海。

我说，分手有那么严重吗？非要到另一个城市去吗？他说是的，就是感觉去上海好过一点。

他是个重庆小伙子，看起来有点屌丝，但是没关系，我们都需要朋友，真挚就好。而且，像我这样的写作者，反而不喜欢同行，喜欢陌生行业的朋友。因为可以无所顾忌，可以无话不谈，说白了，大家都是普通人，装什么装呢。

他一直单身，一直让我给他介绍女朋友。真介绍过两个，但都不合适，也许和他没买房子有关吧。他参加过我的化装舞会，但也没姻缘。我一直有点担心他，不知道他会何时结婚。

甚至，我想到了屌丝这个词。我觉得男人要是强大了，在婚恋的市场上会很受欢迎。而他，因为太平凡了所以一直单身。

他一直跟我说，他有个很好的朋友在北京，曾经留学过日本，做媒体的，很有才华，要介绍给我认识。我说好，这事情也就过去了。

两年后，他这个朋友真来深圳了，确实是个"海龟"，也是很卡哇伊的一个女生，能写，会唱，还出过一张唱片。

他带她来见我，参加我的活动，并希望我帮她找个工作。我给她介绍了一个编辑工作，可是她没干多久就辞职了。因为初来乍到，又好像没多少积蓄，她就暂住他家了。

后来，他们俩就恋爱了。她说，他表白了，但她觉得还是做朋友好，于是问我的建议。我说可以试着交往，然后他们就在一起了。再后来她说，他俩容易吵架。某天，她告诉我，他要去上海了。

我问她怎么回事，她说她也不知道，他非常强烈，非走不可。你说是不是很奇怪？她都不知道怎么回事，他却感觉受了很大的伤。

我劝他不要离开，但他还是走了。这之后，我一直以为他单身，直到他告诉我，他的孩子都三四个月了。这真是让人吃惊的消息。这也让我再次看到，不管多晚，总会有一个人来爱你的。

有的男人觉得自己不能给予对方富裕的生活，却总会有一个女生不嫌弃他，而且深爱他。就如影视剧里常常演的那样，不管女一号对男一号多么痴情，多么绝望，总会有一个男二号在背后默默爱她，保护她，挺她。

这世界是公平的，每个人都有深爱的人，也都有被深爱的可能，只要你愿意等。